放 放下不想放下的東西
不 不執迷自以為對的事
開 開始淡活快樂的生活

放　放下不想放下的東西
不　不執迷自以為對的事
開　開始淡活快樂的生活

放不開

你為什麼不想放過自己？

放　放下不想放下的東西

不　不執迷自以為對的事

開　開始淡活快樂的生活

方向乾 編著

編者序——你為什麼不想放過自己？

只要能夠徹底地做到「放」（放下不想放下的東西）、「不」（不執迷自以為對的事）、「開」（開始淡活快樂的生活），就會恍然發覺「放過自己」，並沒有自己想像中的那麼困難。

每個人都想「好還要更好」，也都被別人期待著一定要「變得更好」。但往往也就是我們或別人對自己這種想要「變得更好」的高度期望，讓我們在追求人生目標的時候，變得不知道「適可而止」和「見好就收」，甚至，還讓這種想「變得更好」的念頭，變成讓我們不想輕易「放過自己」的罪魁禍首，以及成為生活中所有壓力的源頭。

其實，生活中的所有壓力，來自於我們過於高估自己的能力，導致於我們太過於「看重自己」，甚至一點都不想「放過自己」，因為，我們總以為只要「相信自己」就一定能做到自認為可以做到的事，因此，一味地去接受超過自己能力以外的事情，但卻往往忘記去衡量自己本身有多少能力，因此，才會讓那個我們不想放過的「自己」，承受無法承受的壓力。

除了上述的「過於高估自己能力，相信自己一定能做到任何事」之外，過於堅持自己最初的執著，也是我們不想「放過自己」的原因。雖說，每個人都必須堅持自己最初的執著，但是，如果自己這個最初的執著，在一開始，方向就出了問題，應該及時去修正方向，而不是不知變通，對已經出了問題的「執著」還死守不放。

另外，不想「放過自己」還有一個原因，那就是我們放不下某些可以讓自己名利雙收的事情，因此，才會經常在明知沒有能力完成某項可以讓自己功成名就的工作時，還硬著頭皮拚命去完成。

其實，「放過自己」說困難也不是很困難，說簡單也不是很簡單，重點就在於當我們決定是否「放過自己」的瞬間，有沒有人提供一些呼應我們做出「放過自己」決定的「心靈意見」，然而，這也就是編者企劃《放不開》這本書，最初以及最終的目的。

因為，本書《放不開》透過書中八十則淺顯易懂的「深心靈」小品，想告訴所有「放不開」的讀者，只要能夠徹底地做到「放」（放下不想放下的東西）、「不」（不執迷自以為對的事）、「開」（開始淡活快樂的生活），就會恍然發覺「放過自己」，並沒有自己想像中的那麼困難。

編者序——你為什麼不想放過自己？／7

第一輯：見好就收，真的很不容易 19

一副好牌之後，往往就是壞牌的開始／20
見好就收，真的很不容易／23
不能開心的時候，不妨做到「放開心」／26
「降低標準」，有時候是一種「放過自己」的表現／29
盡心做事，永遠盡自己最大的努力／32
人生是一場看不見盡頭的馬拉松／35
別走到生命盡頭，才發現早該發現的真相／38
忍一時委屈，贏得一個寬闊的心靈空間／41

第二輯：「放過自己」是一門人生的必修功課 45

不要被別人的「讚」沖昏頭，才能免去被人利用的險境／46
強摘的水果不會甜，強求的緣分不會圓／49

「放過自己」是一門人生的必修功課／52
過度的謙遜，真的只是一種「虛偽」嗎？／55
「放棄」不一定是損失，也可能是另一種「獲得」／58
沒有人可以保證自己能夠事事順心、萬事如意／61
為何寧可留在熟悉的「地獄」，也不願走進陌生的「天堂」／64
現在放人一條活路，等於在未來留給自己一條退路／67

第三輯：換個角度，人生的視野就會變得不一樣 71

「遺忘」是老天讓我們能夠「放過」自己的禮物／72
換個角度，人生的視野就會變得不一樣／75
想幫助別人，就不要期望別人有所回報／78
英雄也有放開寶劍，改拿鋤頭的時候／81
做一個「放開過去，掌握未來」的人／84
別把虛榮心建立在根本負擔不起的能力之上／87
用處理「小事」的心態，去面對「大事」／90

沒有被吹斷的草，只有因風折腰的巨木／93

第四輯：想法改變，世界也跟著改變 97

人生如果過於順利，並不完全是件「好事」／98
任何事情「適可而止」，才能獲得真正的快樂／101
如何讓自己的財富，變成大家的幸福／104
知道自己無知，才是真正的聰明／107
不要做一個非常富有的「心靈窮光蛋」／110
錯誤的方向，無法走到正確的地方／113
想法改變，世界也跟著改變／116
過於乾淨的環境，釀不出香醇的美酒／119

第五輯：以退為進，其實是另一種向前的方法 123

用「和氣」來化解別人的「脾氣」／124
「想法」必須加上「做法」才能等於「成功」／127

每座森林，都是從一顆種子開始／130
自制力，是成功必備的一種基本能力／133
以退為進，其實是另一種向前的方法／136
不該讓「自己」成為最熟悉的陌生人／139
不要為了名聲，把自己逼上絕路／142
你到底是要做「名聲」的主人？還是奴隸？／145

第六輯：寬恕別人，等於放過自己 149

無法實現的不是夢想，而是妄想／150
把目標放低一點，不要好高騖遠／153
寬恕別人，等於放過自己／156
貪圖蠅頭小利的人，無法獲得更大利益／159
懂得在小事裝糊塗的人，才能做大事／162
我們永遠不知道下一秒鐘會發生什麼變化／165
越是執著的人，越是不懂得變通／168

氣度，決定你在別人心中的高度／171

第七輯：懂得退一步的人，不會跟人斤斤計較 175

讓別人對你的「讚美」更貨真價實／176
懂得退一步的人，不會跟人斤斤計較／179
什麼事都不做，反而能夠解決問題／182
生命自己會找到它的出口／185
什麼事都不做，也是一種做事的方法／188
懂得思考的人，才能感覺自己的存在／191
該怎麼做人？是每個人必修的人生學分／194
生命的長度，不是用時間來計算／197

第八輯：人生苦短，只要活得快樂就好 201

面對人生的態度，決定我們生命的長度／202
忍耐，是一種讓自己沉著住氣的手段／205

做人不要做絕，說話不要說盡／208
貧窮並不可怕，可怕的是懶惰／211
懶惰真的是一種享受嗎？／214
在人生每個過程，不做想做卻不該做的事／217
人生苦短，活得快樂就好／220
問心無愧，不代表有指責他人的資格／223

第九輯：得意的時候，不要忘記自己原來的樣子

227

不要為了一點小事，就去得罪別人／228
懂得小看自己的人，才不會有「大頭症」／231
「逆境」是讓生活變得更好的必經之路／234
小惡是滑向罪惡深淵的起點／237
做人不要太驕傲，也不能太矯情／240
得意的時候，不要忘記自己原來的樣子／243
能夠笑到最後的人，才是最後的贏家／246

逆境及苦難，都是我們最大的財富／249

第十輯：「隨緣」是淡然放下的人生態度 253

越是關鍵時刻，越需要放手一搏／254
在思考後當機立斷，才不會和成功的機遇擦身而過／257
與人分享愈多，你就可以擁有愈多／260
如果瘋狗咬你一口，你不必也趴下去反咬牠一口／263
在該糊塗的時候，千萬不能太清楚／266
虛心待人，才能接納別人給自己的意見／269
「隨緣」是淡然放下的人生態度／272
用隨緣的心態，面對人生的風風雨雨／275

第一輯：見好就收，真的很不容易

在生活悲歡離合、喜怒哀樂的起承轉合過程中，人應隨時隨地、恰如其分地選擇適合自己的位置。

一副好牌之後，往往就是壞牌的開始

人在縱情尋樂之後，隨之而來的往往是莫名其妙的空虛傷懷，推之不去也避之不開，因為歡樂和惆悵本來就首尾並列。

人一旦為名利驅使，往往身不由己，只知進，不知退。如果一旦獲得功名不懂得適可而止，見好便收，無疑是臨淵縱馬。故老子早就有言在先：「功成，名遂，身退。」

任何人不可能一生總是春風得意。人生最風光、最美妙的往往是最短暫的。

俗言道：「花無百日紅，人無千日好。」就像搓牌一樣，一個人不能總是得手，一副好牌之後，往往就是壞牌的開始。所以，見好就收便是最大的贏家。

世故如此，人情也是一樣。與人相交，不論是同性知己還是異性朋友，都要有適可而止的心情。

君子之交淡如水，既可避免勢盡人疏、利盡人散的結局，同時友誼也只有在平淡中，方能見出真情，愈是形影不離的朋友愈容易反目為仇。

因此，古人告誡說：「受恩深處宜先退，得意濃時便可休。」即使是恩愛夫妻，天長日久的耳鬢廝磨，也會有愛老情衰的一天。

北宋詞人秦少游所謂「兩情若是長久時，又豈在朝朝暮暮」，這不只是勞燕兩地的分居夫妻之心理安慰，更應為終日廝守的男女情侶之醒世忠告。

古人言：「樂不可極，樂極生悲；欲不可縱，縱欲成災。」樂極生悲一語幾乎婦孺皆知，但一般人對它的理解，往往是一個因快樂過度而忘乎所以、頭腦發熱、動止失矩，結果不慎發生意外，惹禍上身，化喜為悲。

樂極生悲概括地講，是一個對生命的熱愛和留戀而生出的惘然和悲哀，詳情而言，是一個人對「生活中好花不常開，好景難常在」的無奈和悵懷。人的情緒很難停駐在一種靜止的狀態，人對世事盛衰興亡的更替，習以為常之後，心境喜怒哀樂的輪迴變換也成為自然。

人在縱情尋樂之後，隨之而來的往往是莫名其妙的空虛傷懷，推之不去也避之不開，因為歡樂和惆悵本來就首尾並列。所以莊子在「欣欣然而樂」之後感嘆：「樂未畢也，哀又繼之。」人只有在生命的愉悅中，才能體會真正的悲哀。

所以，真正的喪親之痛，不在喪親之時，而在闔家歡宴，或睹舊物思亡人的那一瞬間，再說精準一點，就是「人在悲中不知悲，痛定思痛是真痛」。

你有沒有想過

每個人都不希望自己的「幸福」與「快樂」被貼上一個「有效期限」的標籤，但問題是這根本就是一件不可能的事情，因為，「幸福」與「快樂」就是因為有「有效期限」，我們才會更加珍惜，一旦沒有「有效期限」，我們也就不會那麼費盡心思去追求了。

找到自己小確幸

任何人不可能一生總是春風得意。人生最風光、最美妙的往往是最短暫的。

就像搓牌一樣，一個人不能總是得手，一副好牌之後，往往就是壞牌的開始。所以，見好就收，便是最大的贏家。

見好就收，真的很不容易

在生活悲歡離合、喜怒哀樂的起承轉合過程中，人應隨時隨地、恰如其分地選擇適合自己的位置。

任何事情都不是孤立的，環境適應了，它就會生長。修道也不是空行的，遇到緣分就能適應。

其實，人生因為「緣起」，因此才有無限的機會、無限的力量、無限的潛能、無限的意義。可以說，人生就是一個「無限」。

但是，我們也不能因為無限，就毫無顧忌，妄肆而為。有的時候，更應該有個「適可而止」的人生。

強開的花難美，早熟的果難甜，天地的節氣歲令，總有個時序輪換。在生活悲歡離合、喜怒哀樂的起承轉合過程中，人應隨時隨地、恰如其分地選擇適合自己的位置。

古人說：「貴在時中！」時就是隨時，中就是中和，所謂時中，就是順時而變，恰到好處。正如孟子所說的：「可以仕則仕，可以止則止，可以久則久，可以速則速」。鑑於人的情感和欲望常常盲目變化的特點，講究時中，就是要注意適可而止，見好就收。

一個人是否成熟的標誌之一，是看他會不會退而求其次。退而求其次並不是懦弱畏難。當人生過程的某一方面遇到難以逾越的阻礙時，善於權變通達，心情愉快地選擇一個更適合自己的目標去追求，這事實上是一種進取，也是一種更踏實可行的以退以進。

「力能則進，否則退，量力而行。」這句話是要告訴我們，自不量力是做人的大敵。當一個人在一種境地中感到力不從心的時候，退一步反而海闊天空。

一個聰明的女人懂得適度地打扮自己，一個成熟的男子知道恰當地表現自己。

「美酒飲到微醉處，好花看到半開時。」做人要有一種自惕惕人的心情，得意時莫忘回頭，著手處當留餘步。此所謂「知足常足，終身不辱，知止常止，終身不恥。」

宋人李若拙因仕海沉浮，作《五知先生傳》，謂做人當知時、知難、知命、知退、知足，時人以為智見，反其道而行，結果必適得其反。

你有沒有想過

每個人都想要更好，也都被別人期待要變得更好，但是往往也就是自己或別人對自己這種想要變得更好的期望，反而讓我們為了追求更好的目標，變得不知道「適可而止」和「見好就收」，甚至，變成我們生命中所有壓力的源頭。

找到自己小確幸

當人生過程的某一方面遇到難以逾越的阻礙時，善於權變通達，心情愉快地選擇一個更適合自己的目標去追求，這事實上是一種進取，也是一種更踏實可行的以退以進。

不能開心的時候，不妨做到「放開心」

沉住氣，抱著十分的智慧，來笑對「失落」吧！如此一來，我們的意志必將堅強，我們的性情必將豁達，再苦再難的日子，也不會落淚。

人生，色彩斑斕；生活，五味俱全。難得來到這個世上，誰不願人生如畫的燦爛美麗？誰不想生活如風似雲般灑脫自如？

然而，有所追求，就有所失落。並且追求的目標愈高，追求的愈執著，失落的也就往愈多，這才是真實的生活。

愉悅如意，使人身心舒暢，遇有失落，就折磨著意志，冷卻了熱情，動搖了目標，恰似陷入孤寂痛苦的泥沼。

追求總是與失落相隨，誰也躲避不了。

失落雖然總是痛苦、傷感，好似與負面的情緒掛勾，但其實，人類的智慧和力量，也只有在和各種失落較量的過程中，才能更充分更有力地顯示出來；正如大江大河在奔湧中，一旦碰到礁石，它便會把自己的全部活力釋放出來。

面對失落，如果能夠正確地認識人世的複雜，勇敢地正視追求中的艱辛，深諳人生的輝煌，本就經歷許多曲折，那麼，我們便能夠笑看失落，泰然處之。

追求就像堅固的手杖，目標則是力量的源泉。一個人只要是有了這兩點，一定能越過千山萬水，一步步走向成功和喜悅。

縱觀古今，事業的成功者，誰不曾失落？如果只待在失落的苦悶中，不能自拔，一蹶不振，那只會把人生導向悲慘的深淵。

眾所周知，三毛憑著一股更勝男子的勇氣四處流浪，她的文字透著幾多豪情、幾多執著、幾多堅韌，可她卻終於抵禦不住疾病和失落，而放棄生命。

失落的滋味，苦澀得難以言喻。

然而，「失落」這味至苦的藥卻能治人百病。沉住氣，抱著十分的智慧來笑對「失落」吧！如此一來，我們的意志必將堅強，我們的性情必將豁達，再苦再難的日子，也不會落淚。

這種笑對「失落」的情緒，足以化渺小為偉大，化平庸為神奇，化艱險為坦途。

你有沒有想過

每個人難免都會有情緒失落的時候，重點就在於當我們面對失落的情緒，該如何調適和因應？有些勵志書上面，或許會告訴我們，無論發生什麼事？明天的太陽依然會升起，因此不要太在乎那些讓自己情緒低落的煩事，但我卻認為這種說法，只對了一半，因為，如果我們只是做到不去在乎那些讓情緒低落的事，充其量只是治標，然而徹底地找到讓自己情緒低落的根源，才是真正治本的方法。

找到自己小確幸

追求就像堅固的手杖，目標則是力量的源泉。一個人只要是有了這兩點，一定能越過千山萬水，一步步走向成功和喜悅。

「降低標準」，有時候是一種「放過自己」的表現

為了能夠活得好一些，並時時快樂著，降低標準，有時會是我們最明智的選擇。

人往高處走，水往低處流，人生總是向上的，這是人們認為的常識，也是人生的理念，更是眾生的普遍意識。

然而事實上，「人往高處走」的理念，毀了許多人。客觀來講，人生一世，是不可能總往高處走的，沉浮起落，坎坷挫折，下坡路的時候是很多的，卻不能不走。

有錢人變為貧窮人，經理降為部長，老闆變成臨時工，昨天的名人淪為今天的無名鼠輩……諸事不如前的現象每個人都經歷過，每當這個時候，往日的標準都會被大打折扣。

由此看來，人生不可能總是守在同一個標準上。追求高格調本身就是一種完美主義的化身，其中包含著對周圍事物的苛求和對自己的苛求，結果是自己累垮了，周圍人也受不了。

更何況，人生總有不順的時候，諸如經濟不景氣，事業陷入困境，家庭遭受變故……跟隨而來的，便是內在和外界的價值一同降低。

如果這時誰還能一心追求高格調、高價值的預期心理，還是一味地崇尚「人往高處走」，就會遭遇打擊，陷入煩惱的深淵裡。

於是，這時降低標準，便成為唯一而正確的人生選擇。尤其在當今這個充滿競爭的社會，高格調往往靠不住，極易被動搖。學會降低標準，反而成了人們解決人生難題的一把鑰匙。

我們所說的降低標準，並不是退縮，更不是消極，而是一種心理調適和應對。

「人生是不確定」，外在的事物總在不斷地變化，好與壞，順與不順，一定會接踵而來。不管是在心理上，還是在客觀上，過高的標準都會使人時時處處面臨著一種如履薄冰的危險。有時候，甚至使人變得灰心喪氣，自暴自棄。

許多偉人，許多大人物，其實都不是一味守著高格調不放的人，他們都能在降低標準中完善自己，從頭再來。

為了能夠活得好一些，並時時快樂著，降低標準，有時候或許是一種我們「放過自己」的最明智選擇。

你有沒有想過

其實，「人往高處走」這個普世價值，往往成為我們生活中所有壓力的源頭，因為，我們往往為了回應眾人希望自己不斷地往上爬的期待，因此，不斷硬著頭皮去做一些超過自己能力的事，到頭來，不僅把自己搞到筋疲力盡，甚至因而讓自己變得灰心喪氣，自暴自棄。

找到自己小確幸

在當今這個充滿競爭的社會，高格調往往靠不住，極易被動搖。學會降低標準，反而成了人們解決人生難題的一把鑰匙。

盡心做事，永遠盡自己最大的努力

生活中時時都會遇到一些難事，當它來臨時，我們要做個有心人，積極面對，不言敗、不放棄，那麼再大的困難，也就容易解決了。

曾經有人說，熱忱是心中的神，沒有它，人就好像熄火的汽車無法前進。事實也的確如此，只有對所做的事情充滿熱忱，才會有創新，才能做到傑出。

而要擁有這樣的熱忱，首先就要調整好心態，以下這幾句話，可以用來隨時激勵自己：

「要做好事，不是出於必需，而是因為它是好事。」

「人生幸福和成功的訣竅是關注自己能給予什麼，而不是得到什麼。」

「如果你做一件正確的事，並認為這行為本身，就是足夠的回報，那麼不論是否贏得他人的承認，你都會獲得滿足感。」

從這些話語中，我們不難看出，如何熱情的擁抱人生，對於每一個人是多麼重要，它決定了我們是被動、機械似地在虛度光陰，還是主動熱情投入我們所身處的生活，從而也影響人們的創造力。

只有用心，我們才會注意是否很久沒有跟家人聯繫，可以採取什麼樣的方式，給你所愛的人一個驚喜；只有對所要工作上的事情竭盡心力，才會考慮到很多的細節，在感覺上給客戶營造貼心和舒心氛圍，也才會根據客戶的不同，隨時調整自己的服務方式和表達方式，最終讓客戶滿意等等。

曾任美國國務卿的鮑威爾曾說過一句話「永遠盡自己最大的努力，因為，有眼睛在注視著你。」

鮑威爾的成功也再次證明了從平凡到傑出最重要的一點：用心盡力去做事情。

「世上無難事，只怕有心人」，這句話對很多人來說並不陌生，也許有些人覺得已聽到耳朵起繭了，或許有些人已把它淡忘了，但仍然有這麼一些人，一直把它當作人生的座右銘，時刻放在心上，在生活中、工作中、學習中，不斷激勵自己要做個有心人……

在日常生活中，我們也會碰到一些人一旦遇到困難就退縮，就害怕，心態也消極，這樣的人只會和成功擦肩而過。生活中時時都會遇到一些難事，當它來臨時，我們要做個有心人，積極面對，不言敗、不放棄，那麼再大的困難也就容易解決了。

你有沒有想過

有些人遇到讓自己不知道該如何解決的事，會選擇逃避，而有些人遇到不知該如何解決的事，則會選擇勇敢面對，然而，選擇勇敢積極面對的人，並非已經找到解決難事的方法，而是他們懂得抱著「世上無難事，只怕有心人」的心態，盡自己最大的努力，去找出解決那件難事的方法。

找到自己小確幸

如果你做一件正確的事，並認為這行為本身就是足夠的回報，那麼不論是否贏得他人的承認，你都會獲得滿足感。

人生是一場看不見盡頭的馬拉松

生命如一次旅途，每個人都在行走，而在行走中，我們領悟生活的真諦，體味生活的艱辛，通曉命運的得失。

孔子的弟子——子貢對學習厭倦了，就告訴孔子說：「我希望能停下來。」孔子告誡他說：「人生是沒有終止的。」

孔子的意思是講人生一世，就要奮鬥不息，這裡是針對子貢「倦於學」來說的。這話很有道理，一個人要發展、一個國家要不斷進步，就要生命不息、奮鬥不止。

時光流逝，不經意間青春年華已過，老之將至。當我們雙鬢染雪的時候，有多少腦海中封存的寶貴記憶湧上心頭？是我們曾經擁有過的巨額的財富？還是曾經擁有過的口碑和名聲？

在西方宗教經典中，也出現過一些永不停息的人物，其中尤以該隱和阿哈斯瓦爾較為引人注目。

人類的始祖亞當和夏娃生了該隱和亞伯兩個兒子；該隱從事農業耕作，亞伯以養羊為生，他們都向上帝耶和華呈獻自己工作的產品。

上帝偏愛亞伯的羊，該隱因此嫉恨亞伯並殺死了他。上帝聞知此事後，盛怒之下，詛咒該隱及其子孫將永遠在大地上漂泊而不得安息。

於是，該隱成了基督教文化史上第一個流浪者。

另外，耶穌被羅馬士兵送往十字架處死的途中，曾想在猶太人、補鞋匠阿哈斯瓦爾的屋簷下休息一會，阿哈斯瓦爾不准耶穌休息，耶穌就詛咒他永世不得休息，在四處行走中謀生，直到末日審判的那天。

中國古代神話中亦有一位永遠不知疲倦而奔走著的人物，他就是夸父。

據《山海經》的《海外北經》載：「夸父與日逐走，入日，渴欲得飲，飲於河渭，河渭不足，北飲大澤。未至，道渴而死。」

生命如一次旅途，每個人都在行走。

行走中，我們領悟生活的真諦，體味生活的艱辛，通曉命運的得失。無論坦途一片，還是崎嶇的道路，對於我們的人生來說都是一種回報。

你有沒有想過

其實，人生就是一場不斷地走向死亡的旅程，我們既然踏上這段旅程，就沒有回頭的餘地，因此，在這個旅程中，不論是平坦大道，還是崎嶇山路，不論是風和日麗，還是狂風暴雨，我們都必須咬緊牙根，不畏艱難地繼續走下去。

找到自己小確幸

當我們雙鬢染雪的時候，有多少腦海中封存的寶貴記憶湧上心頭？是我們曾經擁有過的巨額的財富？還是曾經擁有過的口碑和名聲？

別走到生命盡頭，才發現早該發現的真相

走到了生命的盡頭，我們懷念流逝的歲月，難以忘卻往日的情懷，追憶似水的年華，汲取曾經讓自己沉醉不已的往事，亦就是行走時快意的心情和心路歷程。

中外思想、文化史上，存在著一個個如吉卜賽人一般，永世流浪的「精神探索者們」。

而在春秋戰國這個百家爭鳴的黃金時代，大批精神探索者為了宣傳自己的學說，四方奔走，席不暇暖。譬如老子騎青牛西出函谷關傳教、孔子乘牛車奔波於列國，宣揚仁義學說的典故已廣為人知，而墨子、孟子、荀子、韓非子等諸子百家，都無不匆匆行走於宣揚和探索真理的旅途上。

墨子走進宋國國界的時候，草鞋帶已經斷了三、四回，覺得腳底上發熱，停下來一

看，鞋底也磨成了大窟窿，腳上有些地方起繭，有些地方則是起泡，但是他毫不在意，仍然繼續走……

屈原也是一位古典精神的探索者。屈原把一生都獻給了探索挽救國家衰敗之路的神聖事業，卻被楚王放逐，他長期流浪於湘水和沅水流域，上下求索，繼續探求著救國救民的真理，最後以死抗爭，懷沙自沉。

他在《離騷》中的詩句「路漫漫其修遠兮，吾將上下而求索」正是勇於探索、不停行走的有力佐證。

現在的我們，儘管不需要像古代士人般，背負著沉重的責任和憂慮，但依然能夠去探索、去行走。

盡情地行走吧。攜一份悠閒淡泊的神思，裝一顆探求的心靈，嗅一嗅芳草鮮花，聞一聞鳥鳴蟲嘶，看一看人間的百態，品一品世間的甜苦，不做高深的評論，只須用心去感觸，去領悟。

「一花一世界，一樹一菩提」。行走的意義，全在於不停的感知和豐盈。

終於，我們走到了生命的盡頭，殘燭夕照，垂垂朽矣。

我們懷念流逝的歲月，難以忘卻往日的情懷，追憶似水的年華，汲取曾經讓自己沉醉不已的往事，亦就是行走時快意的心情，行走時的詩情畫意，行走時的心路歷程。

然而，行走到最後，才恍然發現，雖然行走對於現在的我們來說可謂奢望，但昔日行走的感覺，足以讓自己快慰平生。

你有沒有想過

如果你的生命還剩下一天，最想做的事情是什麼？是幫另一半到超商去換集點公仔？還是繼續看完還沒看完的小說或電視劇？或是上上臉書之類的社群網站，幫好友們po的文章按讚……總之，如果我們可以將生命結束的這一天，看成跟平常的日子一樣，就可以讓自己快樂從容地走向人生的盡頭。

找到自己小確幸

現在的我們，儘管不需要像古代士人般，背負著沉重的責任和憂慮，但依然能夠去探索、去行走。然而，行走到最後，才恍然發現，雖然行走對於現在的我們來說可謂奢望，但昔日行走的感覺，足以讓自己快慰平生。

忍一時委屈，贏得一個寬闊的心靈空間

沒用爬不過去的山，也沒用渡不過去的河。忍一時的委屈，可以保全大家的寧靜、和諧，並不損失什麼，反而還會贏得一個更為寬闊的心靈空間。

「小不忍則亂大謀」，這句話在民間極為流行，甚至成為一些人，用以告誡自己的座右銘。

有志向、有理想的人，不會斤斤計較個人得失，更不應該在小事上糾纏不清，而是要有廣闊的胸襟，遠大的抱負。只有如此，才能成就大事，從而達到自己的目標。

「小不忍則亂大謀」，核心就是一個「忍」字。所謂「心字頭上一把刀，遇事能忍禍自消。」所謂「忍得一時之氣，免卻百日之憂。」

勾踐忍不得會稽之恥，怎能臥薪嚐膽，興越滅吳？韓信受不得胯下之辱，哪能做得了

淮陰侯？

因此，在中國傳統的觀念裡，忍耐也是一種美德。

這一個觀念雖然與現代這種直來直往「做自己」、「只要我喜歡有什麼不可以」的社會觀點不合拍，但是，很多學者發現，中國傳統文化裡的東西並沒有過時，相反，其中學問的博大精深，如果運用於現代人的生活，必將使人們受益匪淺。

其中，忍耐就大有學問。當與人發生矛盾的時候，忍耐可以化干戈為玉帛。

唐代著名高僧寒山問拾得和尚：「今有人侮我，冷笑我，藐視我，毀我傷我，嫌我傷我，嫌我恨我，則奈何？」

拾得和尚說：「子但忍受之，依他，讓他，敬他，避他，苦苦耐他，裝聾作啞，漠然置他，冷眼觀之，看他如何結局？」

這種忍耐當中，透著的是智慧和勇氣。

只要是有人的地方，就會有摩擦，世界雖大，但也很小；你不想碰我，我卻有可能碰見你，關鍵是如何看待，如何處理這些嫌隙。

常言道一笑泯恩仇，得饒人處且饒人。一張笑臉，一句誠懇的道歉，就能化干戈為玉帛，冰釋前嫌，何必為區區小事而斤斤計較、耿耿於懷？

沒用爬不過去的山，也沒用渡不過去的河。忍一時的委屈，可以保全大家的寧靜、和諧，並不損失什麼，反而還會贏得一個更為寬闊的心靈空間。

何樂而不為？

你有沒有想過

在我們的一生當中，經常會有些事情該忍，卻因某些因素沒有忍耐下來？有些事情不應該忍，但自己卻硬是忍耐了下來……究其原因，還不都是我們的自尊心和自卑心在作祟。也就是說有些該忍的事情，我們會礙於自尊、面子，沒有忍下來？而有些不應該忍的事情，我們卻會因為自卑的原因，便是忍了下來。

找到自己小確幸

有志向、有理想的人，不會斤斤計較個人得失，更不應該在小事上糾纏不清，而是要有廣闊的胸襟，遠大的抱負。只有如此，才能成就大事，從而達到自己的目標。

第二輯：「放過自己」是一門人生的必修功課

稍不如意便滿腹牢騷，自己懂了一點東西就驕傲於人，這就好像盲人手執燈燭，照亮別人，自己卻看不到光明。說穿了，這是太看重自己導致心理失衡。因此，如何不過於看重自己，學會如何「放過自己」，更需要豁達的胸懷和冷靜的思考。

不要被別人的「讚」沖昏頭，才能免去被人利用的險境

一個人最大的弱點，是在於以為自己聰明，過分欣賞自己。——艾德蒙茲

有的人比別人有能力一些，或者是比別人有權利和勢力，就一副趾高氣揚的樣子，對人傲慢無禮，完全不把別人放在眼裡；自以為自己是什麼聖人，就到處橫行霸道，甚至不可一世。

可是他卻沒有想到，這樣對待別人，別人也可以同樣對他即以其人之道，還治其人之身，結果使自己身敗名裂。

《伊索寓言》故事裡，講了一個這樣的小故事，就是證明了這個道理：

一隻貓頭鷹白天睡覺，每到晚上才出來吃東西。有一天，正當他睡得很香時，被一隻蚱蜢的聲音吵醒了，他沒法入睡，便急切地請求蚱蜢停止叫聲。

蚱蜢卻根本不理他，仍然叫個不停。貓頭鷹愈不斷地請求，蚱蜢反而愈叫得響。貓頭鷹被弄得無可奈何，煩躁不安。突然他想到一個好計策，便對蚱蜢說：

「聽到你動聽的歌聲，我已睡不著了。你的歌聲如同阿波羅神的七弦琴一樣動聽。我將把青春女神赫柏剛送給我的仙酒拿出來，痛痛快快地暢飲一場。你若不反對，就請上來一起喝吧。」

蚱蜢這時正很渴，又被這讚美言辭弄得高興得忘乎所以，什麼也沒想就急忙地飛了上去。結果，貓頭鷹從洞中沖出來，把蚱蜢弄死了。

這個故事不僅值得我們深思，更給我們帶來了深刻的啟示作用，相信我們會從中受到很大的啟發，也會吸取這樣沉痛的教訓。

就跟蚱蜢一樣；有些人有一點點本事就飄飄然起來，得意忘形，自以為是，甚至忘記了自己的地位和處境，處處和人家做對，結果，不僅給自己招致了麻煩，而且自找苦吃，最終自食其果，給自己釀造了可悲的悲劇。

記得，做人不要為自己愚昧的思想所束縛，要時刻保持清醒的頭腦，我們不僅要克服自己盲目自信的缺點，而且要對自己的行為有約束力，而不是被別人的甜言蜜語，或者是一面之詞所迷惑。

你有沒有想過

每個人都奢望自己做一點小事，就能獲得別人大大的讚賞，這可以從很多玩臉書的人，都期望自己隨意貼了一張照片或是PO了一篇短文，就能獲得成百上千的人來按讚的心態可以證明，但是我們可曾想過自己這麼期待別人來按你「讚」，到底是想滿足自己的虛榮心？還是自己的自卑心在作祟呢？

找到自己小確幸

被甜言蜜語幾句就聽信他人，以為這是人家給自己的恩惠，結果只不過是受人利用，被別人蒙蔽和欺騙，當清醒的時候，也就沒有後悔的餘地。

強摘的水果不會甜，強求的緣分不會圓

凡事都不可強求，只要順其自然就好。就連人人渴望得到的緣分也是這樣，它是可遇而不可求的。

什麼是緣分?沒人能說清。緣分就像風一樣，可以隨時來，也可以隨時散。因為緣分總是飄忽不定的，所以你愈是強烈的要求，它就會越離愈遠。強求只是一廂情願的事情，到頭來才知道那一切不過是和生命開了個玩笑而已。

道家主張「無為」，即認為一切都應順其自然，所以緣分的解釋就很簡單：順其自然，水到渠成。

從前有個書生，和未婚妻約好在某年某月某日結婚。豈知，到了結婚那一天，未婚妻卻嫁給了別人。書生受此打擊，一病不起。家人用盡各種方法都無能為力。

這時，一位僧人雲遊路過，得知情況，決定點化他。僧人到他床前，從懷裡摸出一面鏡子叫書生看。

書生看到茫茫大海，一名遇害的女子一絲不掛地躺在海灘上。有一個人路過，看一眼，搖了搖頭，走了……又路過一個人，將衣服脫下，給女屍蓋上，走了……再路過一人，過去，挖了坑，小心翼翼把屍體掩埋了……

疑惑間，畫面切換，書生看到自己的未婚妻。洞房花燭，她丈夫掀起蓋頭的瞬間……

書生不明所以。僧人解釋：那具海灘上的女屍，就是你未婚妻的前世，你是第二個路過的人，曾給過她一件衣服。她今生和你相戀，只為還你一個情。但是她最終要報答一生一世的人，是最後那個把她掩埋的人，那人就是他現在的丈夫。

書生大悟，一下子從床上做起，病痊癒了！

如果相信緣分的存在，就應該明白，緣分這東西不可強求，該是你的，早晚是你的。不該是你的，怎麼努力也得不到。

是聚是散都隨緣。

你有沒有想過

我們都知道「強摘的水果不會甜」這句話的道理，但是，卻一天到晚拚命做出「強摘水果」的事情。

雖說，一些勵志書上面可能會教我們「如果想成功，就必須去做『明知不可為而為之』的事情！」但問題是，如果這件「明知不可為而為之」的事情，你在做之前，就知道即便讓你做成了，也只是徒勞無功，那麼你還幹嘛花時間精神去做它呢？

找到自己小確幸

有人說：「成熟的人不問過去；聰明的人不問現在；豁達的人不問將來。」緣分最是奇妙，緣分的事，任誰也說不準，沒人能夠猜透，只知道它可遇而不可求。到最後我們只能慶幸，還好，當初都沒有強求。

「放過自己」是一門人生的必修功課

稍不如意便滿腹牢騷，自己懂了一點東西就驕傲於人，這就好像盲人手執燈燭，照亮別人，自己卻看不到光明。說穿了，這是太看重自己導致心理失衡。因此，如何不過於看重自己，學會如何「放過自己」，更需要豁達的胸懷和冷靜的思考。

日常生活中，我們經常看到的是一些非常看重自己的人。他們總以為自己高高在上，總是盛氣凌人；總以為自己滿腹經綸，一肚子學問，一心只想幹大事，創大業；以為別人什麼都不行，只有自己最行；更誇張的是總以為自己出身高貴，苦活累活都是別人的事情，自己怎能吃苦挨累？

於是，稍不如意便滿腹牢騷，自己懂了一點東西就驕傲於人，這就好像盲人手執燈燭，照亮別人，自己卻看不到光明。說穿了，這是太看重自己導致心理失衡。因此，如何不過於看重自己，學會如何去「放過自己」，更需要豁達的胸懷和冷靜的思考。

一個人如何修養自己的品德，的確是非常重要。由於，人們的修養不同，所以人們的品性也有著很大的區別，有的人自以為是；有的人自高自大；有的人傲慢無禮；有的人偏聽偏信等等，這些性格未必對自己有什麼好處，不僅如此，反而會給自己招致麻煩和災難。因此修身養性對我們事關重要！

那麼該如何修身養性？雖然有的人不以為然，認為這是多此一舉，有的人也懂得修身養性的道理，卻不知道自己該如何修養自己的品德，如果人們深刻理解了「毋偏信自任，毋自滿嫉人」這句話的深刻涵義，那麼我們就有了明確的思想和正確的理念。

這不僅給了我們深刻的啟示作用，而且可以作為做事的座右銘，在我們的人生中有著深切的指導意義。如果人們違背了做人的原則，無論是做人還是做事，都是「偏信自任，自滿嫉人」，而不去考慮這樣做是否合適，是否恰當，反而自以為這是最正當的，而且，不僅自以為是，甚至得意忘形；但卻忽略了自己的做法已經違背了做人做事的原則。

這不僅傷害了別人，而且傷害了自己，結果給自己造成了悲劇。

你有沒有想過

其實，我們的壓力來自於我們過於高估自己的能力，導致於我們太過於看重自己，總以為自己一定可以做到自認為可以做到的事。雖說，相信自己「一定可以」，是一種自信的表現，但是如果不懂得自我衡量自己有多少能力，拚命地去接受超過自己能力以外的事情，到頭來只會讓自己承受無法承受的壓力。

找到自己小確幸

善於「放過自己」的人，懂得自己只是芸芸眾生中的一分子，不會自高自大、自命不凡；善於「放過自己」的人，懂得只有努力奮鬥，才能一步一步地攀登人生的高峰；善於「放過自己」的人，為人謙虛、厚道，容易取得別人的信任和敬重。

過度的謙遜，真的只是一種「虛偽」嗎？

在現在社會上，真正的謙遜變得很難得，因此，也就成了一種寶貴的東西，甚至還出現了一些「冒牌貨」，而這些假冒的謙遜，正是大家最不喜歡的「虛偽」！

謙遜的人使人覺得有教養，因為誰都知道，一個人的力量終究有限，沒有人可以包辦一切。就平常人來說，我們的能力和個性，大家平常都看在眼裡，自吹自擂、高傲自大只會惹人厭煩。

所以，一個人盡他的能力誠懇地去幹本份以內的工作，盡他的頭腦去研究他所不能解決的問題；偶有所得也絕不誇張，因為他知道他的所得和成就，和過去別人的所得成就比較起來，真是微乎其微。這樣積極謙遜的人，才是人群中最高尚最值得欽佩的人。

希臘大哲學家蘇格拉底曾說：「竭力攻擊人類裝腔作勢，用假的優勝來彌補他們的缺點，用虛偽的自尊來掩飾他們的卑劣。」他對於穿了漂亮的衣服在窮人面前，擺架子的學生，會叱責其行為的荒謬；相反，一個富有而且心理也以富有為光榮的人，卻在窮人面前裝出一副窮酸相來，他也要加以叱罵他的虛偽。

虛偽的謙遜，它的卑劣比自誇更為厲害，因為自誇是自私自利的直覺，而虛偽的謙遜，卻還會讓人誤以為是一種「美德」。

虛偽的謙遜如何判斷？首先，拒絕幫助別人的謙虛必定是虛偽的。世上沒有一個人，謙遜到甚至不能幫助他人的程度的，如果有，便是虛偽的謙遜，是需要放棄的虛偽。

虛偽的謙遜是一種惡習，有人借此逃避一切義務和責任，推託一切合作。以「無法勝任」、「好意心領」、「多謝錯愛」這類包裝華美的詞藻，來掩飾底下的拒絕和疏離，這樣無法實話實說的謙遜，就只是想八面玲瓏、多方討巧的鄉愿罷了。

所謂真正的謙遜，用不著過多的表露，是從他的力量和成就中，就可以感覺出來的。既然知道如此，我們何不撕開那一層虛偽的面紗，露出真實的自己——雖然可能會有些陣痛，但這樣至少可以讓自己活得輕鬆而有意義。

你有沒有想過

在現實生活中，我們都知道過度的謙虛就是虛偽的意思，但有些時候，我們為卻為了達成某種目的，又不得不在某些人面前，表現出過度謙虛的模樣，也就是說如果我們不懂得在這些人的面前故意示弱的話，人家又憑什麼買你的單呢？

找到自己小確幸

虛偽的謙遜，它的卑劣比自誇更為厲害，因為自誇是自私自利的直覺，而虛偽的謙遜，卻還會讓人誤以為是一種「美德」。

「放棄」不一定是損失，也可能是另一種「獲得」

我們都經歷過某種重要或心愛的東西失去的往事，大都在心頭罩上陰霾，那都是因為沒有調整心態去面對失去；其實，與其抱殘守缺，更應該就地放棄。

孔子說：「已經做過的事不要再評說了，已經完成的事不要再議論了，已經過去的事就不要再追究了。」

這是要告訴我們。做事情不要被已經發生的相關事情所困擾，沒有必要因為做錯了什麼事情而悔恨，眼光要懂得向前看。

每個人都有懷舊的心理，即使嘴裡高喊著向前看，眼睛還是會不由自主地瞄向已經過去的日子。老實說，回憶過去既是對過去的留戀，也是對現實的迷惘和不滿。

但現在社會發展日新月異，因此，向前看就顯得比懷舊更為重要。特別是對新事物，更應該用發展的和領先的眼光來對待。有的人對於曾經失去的機會耿耿於懷，每當失意的時候，都會感嘆；如果當初我那樣選擇，那麼現在我就會如何如何了……

但關鍵是我們當初沒有那樣選擇，關鍵是我們已經失掉了那個機會，如果再自怨自艾下去，只會讓自己失掉下一個機會。所以，過去的事情完全沒有必要放在心上，我們那樣做，一定有那樣做的理由，誰也無法預測未來，不能用你的今天去對比你的昨天，然後使自己生活在痛苦中。

對現實來說，預測永遠都要甘拜下風，我們當然不必為曾經做過的選擇失誤而傷心沮喪。

東漢大臣孟敏，年輕的時候曾賣過甕。有一天，他的擔子掉在地上，甕被摔碎了，他頭也不回地逕自離去。有人問他：

「甕摔壞了多可惜啊，你為什麼都不回頭看一看呢？」

孟敏十分坦然地回答：

「甕既然已經破了，再疼惜它也沒有什麼好處了。」

是啊，甕再珍貴、再值錢，再與自己的生計息息相關，可它被摔破，已是無法改變的事實，你為之感到可惜，心疼如焚，顧之再三，又有什麼益處呢？

這個故事告訴我們：不要為無法改變的事痛惜，後悔，哀嘆，憂傷，可以說是古今中外聰明人的共同生存智慧。

你有沒有想過

所有的「過去」，其實就像潑出去的水一樣，也就是說不論你對過去的事情，再如何後悔，也無濟於事，但是上述這個道理，雖然人人都懂，但是真正可以做到的人，卻是少之又少，否則，也不會有那麼多人，一天到晚為了已經做過的錯事，懊惱不已了……

找到自己小確幸

有些人終日為過去的錯誤而悔恨，為過去的決策失誤而惋惜；沉溺於過去的錯誤之中，是事業成功的一大障礙。一旦遇到這樣的事該怎麼辦，想想《甕已摔破，顧之何益》想想古今中外名人的生存智慧，對未來肯定大有助益。

沒有人可以保證自己能夠事事順心、萬事如意

普希金的詩中說：「一切都是暫時，一切都會消逝，讓失去變得可愛。」這句話包含了豐富深刻的哲理，過去的已經過去，不能重新開始，不能從頭改寫。

每個人都失去過；但若是沒有從心理上承認失去，總是沉湎於已經不存在的東西，沒想到去創造新的東西，這樣灰暗的想法會斬斷進取的銳角，磨鈍智慧的鋒芒，甚至愚蠢地得出這樣的結論：「我過去失敗了，下次恐怕不行了⋯⋯」從此，畏首畏尾，顧慮重重，很難取得事業的成功。

覆水難收，牛奶被打翻，也不可能重新裝回杯中。就算哀嘆、就算後悔，就算捶胸頓足，呼天喊地，也不能改變過去。

辛棄疾在一首詞中寫道：「嘆人生，不如意事，十之八九。」，更有人俏皮的說，剩下的一二，是更不如意的事。上述這些論調，可以充分顯示出不論是誰在生活中都不可能事事順心，萬事如意。

人事精簡，被老闆炒了魷魚，不如意；被降職、被頂頭上司冷落，不如意；選理事少了一票，送學術刊物的論文泥牛入海，不如意；經商虧本，工廠賠錢，路上被竊，也不如意……林林總總，不一而足。

在現在激烈的競爭中，我們手中的「碗」隨時可能被他人打破，杯中的牛奶也可能被打翻。遇到這樣不如意的事，「不」該哭天泣地，「不」該怨天尤人，「不」該消沉頹喪，「不」該心灰意懶；記取教訓，挺直腰桿，義無反顧，勇往向前。生活中，這樣的人，才能出人頭地，才能成為強者，才能事業有成，才能品嘗到成功的喜悅。

既然事情已經過去，就不要再耿耿於懷。調整好心態，勇敢地面對現在和未來。要知道，悔恨過去，只會損害眼前的生活。不要讓潑溼一地的積水，弄潮了我們的心情，我們還有很多事要做，沒有理由因為一件沮喪的往事，而拒絕一天的生活。

相反的我們應該將這天的生活，過得平靜而懇摯，這樣才會有豐盈的過去，也才能開創璀璨的未來。

你有沒有想過

為過去哀傷，為過去遺憾，除了勞心費神，分散精力，沒有一點好處，不如好好善用這些為過去哀傷、遺憾的時間和精神，好好地去做幾件讓自己不用在未來，遺憾與哀傷的實事。

找到自己小確幸

人，必須懂得及時抽身，離開那些看似最賺錢卻不能再進步的地方；人，必須鼓起勇氣，善於取捨，才能開創出生命的另一個高峰。

為何寧可留在熟悉的「地獄」，也不願走進陌生的「天堂」

害怕失去擁有的一切，多少人不願意冒險、恐懼突破，不敢離開那種一成不變的生活，以致平凡無趣地走完一生。

一生中，經常會遇到為顧全大局而不得不犧牲局部的情況。我們必須不斷地權衡輕重得失，以決定犧牲的份量和等級。為了工作，可以犧牲娛樂；為了孩子，可以犧牲睡眠；為了保全生命，可以拋棄身外之物。

但是當我們遇到比生命更寶貴的事物時，就該毅然決然的犧牲生命。如果不懂得這個道理，其後果將不堪設想。

一八四六年十月，多納爾家族一行八十七人在前往加州的路上被大雪阻隔，他們被困在關口裡。四十天後，有一半的人陸續死於饑餓和疾病。

最後，終於有兩個人決定出去求援。他們在徒步可以到達的範圍之內，很快就到達了一個村莊，並帶回一個救援隊，使其他倖存者得以獲救。

在面臨饑餓和死亡的狀態下，他們為什麼等待了四十天，才決定放棄那個地方？為什麼沒有人願意冒險出去求援？原因很簡單——他們不願意放棄身邊的財產。

他們曾試圖把馬車和財物拖走，結果搞得筋疲力盡卻徒勞無功，只好作罷。就這樣任由大雪圍困在關口，直到耗盡所有的食物和供給。

想想看，我們是否也經常陷入這種「關卡」？由於，害怕失去既有的社會地位、豐厚的收入、漂亮的辦公室以及握在手中的權力，多少人放棄了新工作的挑戰，寧可守著一份並不喜歡的工作，虛度數十年的光陰。

當生命越是往前走，就聚積越多的包袱和負擔——財產、名位、習慣、人際關係、應該做的、必須做的……不斷地增加，於是更加依戀這熟悉的一切，捨不得放下。

由於，害怕失去擁有的一切，多少人不願意冒險、恐懼突破，不敢離開那種一成不變的生活，以致平凡無趣地走完一生。

這也就是為什麼有那麼多人寧可留在熟悉的地獄，也不願走進陌生的天堂。以及為何有那麼多人寧願把自己困在無形的牢籠內，無法走出生命中的「多納爾關口」的原因。

你有沒有想過

在這個萬物皆漲，只有薪水沒漲的年代，每個人為何都還死守著目前那份吃不飽但也餓不死的工作，原因很簡單，那就是誰也不敢在這個不景氣的年代，離開目前自己熟悉且有安全感的「舒服區」，貿然地踏進一個比較有前景、挑戰性，但卻比較陌生和充滿未知的「困難區」。

找到自己小確幸

當生命越是往前走，就聚積越多的包袱和負擔——財產、名位、習慣、人際關係、應該做的、必須做的……不斷地增加，於是更加依戀這熟悉的一切，捨不得放下。

現在放人一條活路，等於在未來留給自己一條退路

為人處世，誰也不能保證不犯錯，但能得到別人寬容，自然會感激無盡。當然，人家也會衝撞我們，若能寬容待之，別人就會認為這個人坦誠無私，我們身邊便會摯友雲集。

忍讓是很高明的處世方法，因為現在退讓一步，往往是未來更進一步的階梯；對待他人寬容大度，就是有福之人，因為在便利別人的同時，也在為自己奠定成功的基礎。

齊國相國田嬰門下，有個食客叫齊貌辯，他生活不拘細節，我行我素。田嬰的兒子孟嘗君便在私下勸父親說：「齊貌辯實在討厭，你不趕他走，反而有好多門客被逼走了。」

田嬰一聽，大發雷霆，這一怒，嚇得孟嘗君再也不敢吭聲。而田嬰對齊貌辯卻更客氣，住處吃用都是上等的，給予特別的款待。

過幾年，齊威王去世而齊宣王繼位。宣王覺得田嬰權勢太重，怕他對自己的王位有威脅，逼田嬰離開國都。

門客們見田嬰沒有權勢，都離開他，只有齊貌辨一直跟著他。沒過多久，齊貌辨不顧田嬰的勸阻，隻身到國都去拜見宣王。

宣王聽說齊貌辨要見他，劈頭就說：「你不就是那個讓田嬰很信從、很喜歡的齊貌辨嗎？」

「田嬰喜歡我是真的，但說他信從我的話，可沒這回事。當大王您還是太子的時候，我曾勸過他說：『太子長相不好，這種臉相的人是不講情義，不講道理的，不如廢掉太子，另外立衛姬的兒子郊師為太子。』可田嬰聽了，哭哭啼啼地說：『這不行，我不忍心這樣做。』如果他當時聽了我的話，就不會像今天這樣被趕出國都了。」

宣王聽了這番話，雖然氣齊貌辨的放肆，但也很受感動。他嘆了口氣說：「田嬰如此忠誠，我卻絲毫不瞭解。你願意替我去把他請來嗎？我馬上任命田嬰為相國。」

人生在世，忍讓為本，律己寬人同樣是種福修德的好根基，為人處世，誰也不能保證不犯錯，誰難免也會得罪人，但能得到人家的寬容，自然會感激不盡。當然，人家也會衝撞我們，若能寬容待之，別人就會認為這個人坦誠無私，胸襟廣闊，人格高尚，於是，我們的身邊自然就會摯友雲集。

你有沒有想過

你現在得罪的人，有可能是你未來想更進一步的絆腳石，而你現在寬容原諒的人，有可能就是你將來想更上一層樓的墊腳石，因此，人生在世，得饒人處且饒人，因為，你現在放人一條路走，就等於在未來留給自己一條退路。

找到自己小確幸

忍讓是很高明的處世方法，因為現在退讓一步，往往是未來更進一步的階梯；對待他人必須寬容大度，因為在便利別人的同時，也在為自己奠定成功的基礎。

第三輯：換個角度，人生的視野就會變得不一樣

不論我們有什麼樣的請求或要做什麼，都應該試著從別人的觀點，仔細想一想整件事。然後，問問自己：「為什麼他會這麼做？」

「遺忘」是老天讓我們能夠「放過」自己的禮物

人們習慣淡忘生命中美好的一切；但對於痛苦的記憶，卻總是銘記在心。難道只是因為比較笨拙才無法遺忘嗎？當然不是，關鍵其實在於我們對壞情緒的「執著」。

上天賜給我們很多寶貴的禮物，其中之一即是「遺忘」。

人們在過度強調「記憶」的好處後，忽略了「遺忘」的功能與必要性。

例如：失戀了，總不能一直溺陷在憂鬱與消沉的情境裡，必須盡速遺忘；股票失利，損失了不少金錢，當然心情苦悶提不起精神，此時，也只有嘗試著遺忘；期待已久的職位升遷，當人事命令發佈後，結果竟然不是你！情緒之低潮可想而知。解決之道無它，同樣嘗試著遺忘…

可見，「遺忘」在生活中有多麼重要！然而，想要遺忘，卻不是想像中那麼容易，遺忘是需要時間的。只不過，如果你連「想要遺忘」的意願都沒有，那麼，時間再長也無濟於事。

有些人往往很容易就忘記歡樂的時光，但卻時時想起對哀愁的瞬間。這顯然是對遺忘哀愁的一種抗拒。換句話說，人們習慣淡忘生命中美好的一切；但對於痛苦的記憶，卻總是銘記在心。難道只是因為比較笨拙才無法遺忘嗎？

當然不是，關鍵其實在於我們對壞情緒的「執著」。因為，很多人往往無法靜下心來檢查自己「已有的」或「曾經擁有的」，都總是「看到」或「想到」自己「失去的」或「沒有的」。

也許我們這一代都太精明了。無論是待人或處事，很少檢討自己的缺點，總是記得「對方的不是」以及「自己的慾求」。到頭來，因為每個人的心態正彼此相剋，所以很少能如願以償。

相反，如果這個社會中的每個人，都能夠儘量遺忘對方的不是，以及自己的慾求，多多檢討自己並改善自己，那麼，彼此之間將會產生良性的互補作用，這也才是我們所樂意見到的。

相信每一個人都希望重新回到過去那種單純樸實的社會，那麼大家就必須肯放下身段，一起來學著「遺忘」那些老早就該遺忘的人、事、物。

總之，學會了遺忘，你便擁有了一把能斬斷壞心緒的利劍。

你有沒有想過

其實，我們通常會牢牢記住那些應該遺忘的事，但卻往往會忘掉那些原本必須牢記在心的事，其原因就出在我們太過於在乎那些應該被我們遺忘的事，但問題是這些讓我們在乎，不想忘掉的事，卻沒有一件是對自己有幫助的事，因此，我們的人生才會過的那麼痛苦。

找到自己小確幸

「遺忘」在生活中有多麼重要！然而想要遺忘，卻不是想像中那麼容易。遺忘是需要時間的。只不過，如果連「想要遺忘」的意願都沒有，那麼，時間再長也無濟於事。

換個角度，人生的視野就會變得不一樣

不論我們有什麼樣的請求或要做什麼，都應該試著從別人的觀點，仔細想一想整件事。然後，問問自己：「為什麼他會這麼做？」

拿破崙．希爾指出：「要試著去瞭解別人，從他的觀點來看事情，就能創造生活奇蹟，使你得到友誼，減少合作中的摩擦和困難。」

也許在我們眼中，別人完全是錯的，可是他自己並不這麼認為，因此不要去責備對方，因為只有自私的人，才會那麼做。而是要試著去瞭解他，因為這才是聰明、寬容、無私的人應該做的事。

要知道，這個世界並不是只有一種人，當窮人不知道下一餐食物在哪裡，富人什麼都吃膩了，下餐卻不知該吃什麼才可口；有人為穿衣服而煩惱，服裝款式層出不窮，不知道

該穿什麼才能趕上時髦？但也有人為了冬天的到來，為了沒有厚衣禦寒而苦惱……

就因為這世上有千萬種不同情況、處境、個性的人，有些人會嘗試站到他人立場上的同時，試著對自己說：「如果我處在他的情況下，我會有什麼感覺，有什麼反應？」

然而，別人會這樣做，一定有他的原因。查出那個隱藏的原因，就等於擁有解答他的行為的關鍵鑰匙。這樣做，將大大增加我們在做人處世上的技巧。

肯尼斯·古地在他的著作《如何使人們變為黃金》中提到：

「暫停一分鐘，把你對事情的深度興趣跟你對其他事情漠不關心互相作個比較。那麼，你就會明白，其他人也正是抱著這種態度！」

只要能了解上述道理，你就跟林肯及羅斯福等人一樣，已經掌握了從事任何工作的唯一堅固基礎——除了看守監獄的工作之外；也就是說，與人相處能否成功，全看你能不能以同理心的心態，接受別人的觀點。

換言之，不論我們有什麼樣的請求或要做什麼，都應該試著從別人的觀點，仔細想一想整件事。

然後，問問自己：「為什麼他會這麼做？」

這樣，也許會花費很多時間，但這能使我們結交到許多不一樣的朋友，還能夠得到更好的結果：減少一些跟朋友的摩擦和相處的困難。

你有沒有想過

或許，你我都有這樣的體會，當我們嚐試地站在別人的角度，來看整件事情時，就會恍然發現這件事情，跟用自己角度看的時候，完全不一樣，例如在學校我們總會抱怨老師為何要那麼嚴格地要求自己的課業，但是如果我們懂得站在老師的角度，就會發現老師嚴格要求學生的功課，本來就是天經地義的事…

找到自己小確幸

也許在我們眼中，別人完全是錯的，可是他自己並不這麼認為，因此不要去責備對方，因為只有自私的人才會那麼做。而是要試著去瞭解他，因為這才是聰明、寬容、無私的人應該做的事。

想幫助別人，就不要期望別人有所回報

「有心為善，雖善不賞，無心為惡，雖惡不罰」，假如抱著沽名釣譽的心態來行善，即使已經行了善，也不會得到任何回報。

一個佈施恩惠於人的人，不應該總是把這件事掛在內心，也不應該對外宣傳，那麼即使是一粒粟的恩惠也可以得到萬分的回報；以財物幫助別人的人，如果總在計較對他人的施捨，而要求別人予以報答，那麼就算付出萬兩黃金，也難有一文錢的功德。

隋朝李士謙把幾千石糧食借給同鄉的人。剛巧這年糧食沒有豐收，借糧的人家無法償還，李士謙就把所有的借糧人請來，擺下酒食招待他們，並當著他們的面把債券都燒了，說：「債務了結了。」

第二年糧食大豐收，借糧食的人都爭著來還債，李士謙一概拒絕不受。有人對李士謙

的的品行大聲叫好，並說他功德無量，積了很多陰德。

但李士謙說：「做了人們不知道的好事才叫陰德。而我現在的行為，都是你知道的，怎麼算陰德呢？」

李士謙沒有乘人之危，在淒涼的時期，以債務大發利市，而是以慈憐為本，用愛心示人，先是焚券完債，再來是拒人還債，都是有恩於人，但不居恩自尊，而李士謙也確實得到人們的愛戴，他死後百姓皆慟哭不已。

戰國時代，齊國的馮諼為孟嘗君「市義」，將百姓們的債券？燒毀，籠絡民心，也算是在歷史上非常有名的「焚券完債」故事，由於，馮諼為孟嘗君「焚券完債」的緣故，使孟嘗君在朝的根基穩固，無憂無慮的當了數十年的相國。

拔一毛而利天下可為，自損以利他人亦可為，施者不寄望於厚報，然公道自在人心，樂於幫助他人的人，自然會得到無價的回報。

人應有助人為樂的精神，將「助人為樂」升高成一種高尚的道德情操。施恩惠於人，而不求回報，「為善不欲人知」，是一種發自內心的真誠。

所謂「有心為善，雖善不賞，無心為惡，雖惡不罰」，假如抱著沽名釣譽的心態來行善，即使已經行了善，也不會得到任何回報，出於至誠的同情心付出的可能不多，受者卻足可感到人間真情。所以，施之無所求，有所求反而會沒有功效。

你有沒有想過

如果朋友跟你周轉十萬元，而且，他在向你借這十萬元之前，講好一個月之後，就會連本帶利的將錢還你，但是，一個月的還款期限到了，你的朋友非但無法如期還他向你借的十萬元，反而還要再向你借十萬元…試問你會再度借給他嗎？答案多半是否定的，因為，我們都無法具備像前述故事中的李士謙和孟嘗君那種「施者不寄望於回報」的氣度和胸襟。

找到自己小確幸

以財物幫助別人的人，如果總在計較對他人的施捨，而要求別人予以報答，那麼就算付出萬兩黃金，也難有一文錢的功德。

英雄也有放開寶劍，改拿鋤頭的時候

當志得意滿的時候，是很難想像沒有掌聲的日子。但如果要一輩子獲得持久的掌聲，就要懂得享受「隱退」。

人生就是一個不斷獲得又不斷失去的過程。可當人們失去名望、地位時，又有多少人能心如止水，波瀾不驚呢？站在頂峰的固然是英雄，但那些能及時從峰頂隱退的人，又何嘗不是真英雄？

有多少人把「隱退」當成「失敗」。對於那些慣於享受歡呼與掌聲的人而言，一旦從高空中掉落下來，就像是藝人失去舞台，將軍失去戰場，往往因為一時難以適應，陷入絕望的谷底。

心理專家分析，一個人若是能在適當的時間選擇做短暫的隱退，不論是自願還是被迫，都是一個很好的轉機，因為它能讓我們留出時間觀察和思考，在獨處的時候，找到自己內在真正的世界。

當志得意滿的時候，是很難想像沒有掌聲的日子。但如果要一輩子獲得持久的掌聲，就要懂得享受「隱退」。

作家費奧里娜說過一段令人印象深刻的話：「在擁有身份地位的時候，總覺得什麼都不能捨，一旦真的捨了之後，又發現好像什麼都可以捨。」

曾經做過雜誌主編，翻譯出版過許多知名暢銷書的費奧里娜，在四十四歲事業最巔峰的時候退下來，選擇當個自由人，重新思考人生的出路。她帶著兩個子女悠然隱居在紐西蘭的鄉間，充分享受山野田園之樂。

因為，要適應新的環境，才猛然發覺人生其實有很多其他的可能，後退一步，才能使自己從執迷不悟中「解放」出來。

據說，在日本有很多中高年齡的男子，因為忍受不了退休後無事可做，結果紛紛走上自殺一途，成為日本自殺率最高的族群。

事實上，「隱退」只是轉移陣地，但是很多人認不清這點，反而一直緬懷著過去的光榮。

他們始終難以忘情「我曾經如何如何」，不甘於從此做個默默無聞的小人物，卻忘了一時的平凡，也是為了下一場戰役儲備新的能量的大好機會。

你有沒有想過

當你已經習慣每天站在舞台上享受眾人掌聲，但如果有一天，眾人給你的「掌聲」，突然變成「噓聲」時，你該如何調適這種猶如從雲端跌入谷底的反差心情？

找到自己小確幸

心理專家分析，一個人若是能在適當的時間選擇做短暫的隱退，不論是自願還是被迫，都是一個很好的轉機，因為它能讓我們留出時間觀察和思考，在獨處的時候，找到自己內在真正的世界。

做一個「放開過去，掌握未來」的人

現實生活中，由於那些不可細數的變故，我們可能會從正值輝煌的事業中隱退下來，這時必須及早轉換心態，不要糾纏於過往的得失，才能擁有一個嶄新的未來。

雖然，離開大展身手的舞台令人惋惜，但往好的一面看，退休是一個進行深層學習的機會，一方面挖掘自己的陰影，一方面重新上發條，平衡日後的生活。

人生機遇不同，有人是「開高走低」，少年得志，結果卻晚景淒涼；有人則是「開低走高」，原先不怎麼順暢，到了中年以後才開始發跡。

曾經在股市刮起一陣旋風的胡立陽聲稱，自己就是典型「開高走低」的人，年紀輕輕，三十四歲就搏得過滿堂喝彩。然而，「精彩表演」結束，離開了光芒四射的舞台，過去所有的豐功偉業全部被一筆勾銷。

胡立陽當紅時，「股市教父」、「股市天王巨星」等美名接踵而來，所至之處，更是人群簇擁。當他由幕前走入幕後，昔日情景也一去不返，胡立陽非常難以適應，總是喃喃自嘆：「怎麼，這個世界居然把我遺棄了？」

當他看到一些比他晚出道的後輩，如今幾乎個個擁有一片天，心情之落寞，更是難以言喻。胡立陽不諱言，有一陣子，自己真是患得患失到了極點，並且嚴重失眠。

就這樣過了兩、三年，直到去淡水看海，獨坐海邊整整六個小時，望著潮起潮落，他突然有所領悟：「大海不也永遠都是後浪推前浪嗎？這就是人生啊！不光是我一個人的際遇而已，我又有什麼好自怨自艾的呢？」

從此以後，胡立陽徹底醒悟過來，他察覺到，人不應該一直緬懷過去，否則會愈來愈消沉，衝勁會流失。他決定讓自己重新「歸零」，把從前的記憶全部拋開，做一個「沒有過去，只有未來」的人。

現實生活中，由於那些不可細數的變故，我們可能會從正值輝煌的事業中隱退下來，這時必須及早轉換心態，不要糾纏於過往的得失，才能擁有一個嶄新的未來。

你有沒有想過

每個人的一生當中，總是會有大起大落的時候，如果有一天享受慣鎂光燈的你，突然變成一個走在路上，連野狗也不瞧你一眼的人，你能夠像前述故事中的胡立陽一樣，將自己重新「歸零」，做一個「沒有過去，只有未來」的人嗎？

找到自己小確幸

離開大展身手的舞台令人惋惜，但往好的一面看，退休是一個進行深層學習的機會，一方面挖掘自己的陰影，一方面重新上發條，平衡日後的生活。

別把虛榮心建立在根本負擔不起的能力之上

一般人都應抱著只要能解決自己的衣食住行就滿足的心態來過日子，那些超出自己能力的奢侈品，只是造型精美的玩具罷了，對人生沒有助益。

我們小時候，一定讀過《濫竽充數》這個寓言故事。戰國時期，齊宣王喜歡聽竽，並且要三百人合奏，只要參與合奏的每位樂師，都可以得到他的重賞。一天，一位南郭先生也申請入隊，齊宣王答應了。其實，南郭先生並不會吹竽，每次吹奏時，他便裝腔作調，蒙混過關。後來，齊宣王死了，齊湣王繼位。他也喜歡聽竽，但卻喜歡獨奏，南郭先生知道後，便連夜逃跑了。

這則寓言告訴人們，做人要虛心，不能不懂裝懂，必須有耐心，才能學到本領。《濫竽充數》為我們敲響了警鐘，做人不能像南郭先生那樣經不起考驗。

在文藝復興的年代，人們把大科學家和大藝術家當做最值得尊敬的人；在當今社會，人們把最有錢的人，當做最值得尊敬的人。所以，在物質利益掛帥的氛圍下，穿名牌來滿足自己的虛榮心也是合理的事，畢竟這是物質崇拜的一種表現。

但那些用假名牌和沒錢也硬著頭皮用名牌的人，就太過於虛榮。

虛榮本來就是把榮譽建立在不切實際的基礎上，那些人就是把這種虛榮心建立在自己根本就負擔不起，更加虛幻的能力之上。

有些年輕人因為嫌棄家裡環境不好，父母不能滿足物質需求就離家出走。如果小孩子一味追求這種虛榮，不但會加重父母的負擔，也很容易養成不好的習慣，而且當他們追求物質的高低，當然就會忽略精神方面的修養。

愛心、智慧、勤奮彷彿都不重要了，誰最有錢，誰就是最好的了，其實，這是錯誤的觀念！

一般人都應抱著只要能解決自己的衣食住行就滿足的心態來過日子，那些超出自己能力的奢侈品，只是造型精美的玩具罷了，對人生沒有助益。要知道昂貴的金錢所帶來的，幾乎都是虛幻的東西。

正所謂眼望高山，腳踏實地。明日的棟樑，一定要有真才實學，絕不能有半點虛假。

只要我們樹立信心，努力付出，何愁越不過物質的糜爛？又何愁登不上知識的高峰？

你有沒有想過

其實，在別人面前，拿著名牌包、開著雙B轎車的「虛榮心」，人人皆有，但重點是我們不能為了滿足這種「虛榮心」，因而「打腫臉充胖子」，不惜讓自己三餐都吃泡麵度日，也要硬著頭皮買名牌包、開雙B轎車。

找到自己小確幸

「虛榮」本來就是把榮譽建立在不切實際的基礎上，那些用假名牌和沒錢也硬著頭皮用名牌的人，就是把這種虛榮心建立在自己根本就負擔不起，更加虛幻的能力之上。

用處理「小事」的心態，去面對「大事」

以放開心胸、不設防線的心境，去思考得失、去衡量利弊，便不會再產生那麼多的苦惱與惆悵。

生活中，總是面對突如其來的「大事」、「煩心事」，大多數人不但無法擺脫這些瑣事的束縛，更不知該如何應對，因而造成沉重的心理負擔，對身體和心理健康都產生不利的影響。

適時地放鬆心態，從容地看待那些「大事」，用一顆做「小事」的心態去面對、去處理，不但我們的身心會得到放鬆，「大事」同樣會變為「芝麻小事」。

雖然，人在表面上看起來，高矮和胖瘦都差不多，但實際上卻有天壤之別。比如說人生吧，風風雨雨，每個人都會遇到幾件不如己意的麻煩事，但是，每個人的結果，卻大相

逕庭，其原因就在於誰能真正地做到「開放心」。

《孔子家語》裡記載：有一天楚王出遊，遺失了他的弓，下面的人要找，楚王說：「不必了，我掉的弓，我的人民會撿到，反正都是楚國人得到，又何必去找呢？」孔子聽到這件事，感慨地說：「可惜楚王的心還是不夠大啊！為什麼不講人掉了弓，自然有人撿得，又何必計較是不是楚國人呢？」

「人遺弓，人得之」應該是對得失最豁達的看法了。就常情而言，人們在得到一些利益的時候，大都喜不自勝，得意之色溢於言表；而在失去一些利益的時候，自然會沮喪懊惱，心中憤憤不平，失意之色流露於外。

但對於那些心性高雅的人來說，他們在生活中能做到「不以物喜，不能己悲」，並不把個人的得失記在心上，他們面對得失，總是能心平氣和、冷靜以待。

當在得與失之間徘徊的時候，只要還有抉擇的權利，我們就應當常行「開放心」，亦就是以放開心胸、不設防線的心境、去思考得失、去衡量利弊，心裡便不會再產生那麼多的苦惱與惆悵。

運用「開放心」去觀察、去做事，便能緩解心中的壓力、撫平患得患失的大喜與大悲。

你有沒有想過

過去被我們視為傷透腦筋的「大事」，在事過境遷的現在，再回頭看，都會恍然發現，這些曾經被我們定位成「大事」的事情，其實都只不過是「小事」一樁。

找到自己小確幸

適時地放鬆心態，從容地看待那些「大事」，用一顆做「小事」的心態去面對、去處理，不但我們的身心會得到放鬆，「大事」同樣會變為「芝麻小事」。

沒有被吹斷的草，只有因風折腰的巨木

作為人，只有堅韌的承受著各種失意和寂寞，才能不迷失自己，才能笑到最後，也才能笑得最開懷！

生命的品質不在於它的硬度，而在於韌性，文學大家魯迅，生前最推崇的就是堅韌的精神。「韌」字的含義是：百折不撓，勇往直前。人如果沒有一股韌勁，做什麼都不會成功。

商容是殷商時期一位很有學問的人。在他生命垂危的時候，老子來到他的床前問道：「老師還有什麼要教誨弟子的嗎？」

商容張開嘴讓老子看，然後說：「你看到我的舌頭還在嗎？」

老子大惑不解地說：「當然還在。」

「那麼我的牙齒還在嗎？」

「全都落光了。」

商容目不轉睛地注視著老子說：

「你明白這是什麼道理嗎？」老子沉思了一會兒說：「我想這是過剛的易衰，而柔和的長存吧？」

商容點頭笑了笑，對他這個傑出的學生說：

「天下的許多道理，幾乎全都在其中了。」

生活是一場現場直播的演出，我們沒有任何重來的機會，會有無數次機會被命運之手推拒在主場之外，因此，我們失去了激情沒有，失去了笑臉也沒有……

在生活的慣性思考中，開始變得沉默和妥協，慢慢地淹沒於人海之中。若是過於剛直，一旦攔腰折斷，就很難再恢復原樣，只有保持一種堅韌的生命力，才能讓生活更美好，更有意義。

記得米蘭·昆德拉曾說過：「生活，是持續不斷地沉重努力，為的是不在自己眼中失落自己。」

老子也曾參悟到「過剛的易衰，柔和的長存」。過於堅強之個性的人，就是走向死亡的人，個性柔弱的人就是能生存的人。

這似乎與所羅門的智慧之語「柔和的舌頭能折斷百骨」不謀而合。繩鋸木斷，水滴石穿也是這個道理。

做為人，只有堅韌的承受著各種的失意和寂寞，才能不迷失自己，才能笑到最後，也才能笑得最開懷！

你有沒有想過

如果一座森林被一場世紀超級颶風肆虐過，最後存活下來的會是什麼植物呢？

答案是小草，因為，小草雖然是森林中最渺小最不起眼的植物，但是它的柔軟度和堅韌度，卻是森林中那些巨木無法相比，因此，有人才會說：「沒有被吹斷的草，只有因風折腰的巨木。」

找到自己小確幸

在生活的慣性思考中，開始變得沉默和妥協，慢慢地淹沒於人海之中。若是過於剛直，一旦攔腰折斷，就很難再恢復原樣，只有保持一種堅韌的生命力，才能讓生活更美好，更有意義。

第四輯：想法改變，世界也跟著改變

事實上，大多數人常常是「除境不忘心」，而這一切都在於在他們被「念」所困，其實，智與愚的差別不大，只是看我們如何把握自己的「念頭」罷了。

人生如果過於順利，並不完全是件「好事」

堅韌需要特別的勇氣，需要不屈不撓，堅持到底的精神。有的人在困難面前，展現了他的堅韌，打敗了困難，有的人則在困難面前畏懼，甚至退縮。

你知道拿破崙在滑鐵盧一役中是被誰所打敗的嗎？答案是英國的威靈頓將軍。而這位打敗英雄的英雄，並不只是幸運而已，他也曾嘗過打敗仗的滋味，並且多次被拿破崙的軍隊打得落花流水。

最落魄的一次，威靈頓將軍幾乎全軍覆沒，落荒而逃，逼不得已，只好在一個破舊的柴房裡藏身。而他在飢寒交迫中，突然想起自己的軍隊，已經被拿破崙打得七零八落，傷亡慘重，自己哪還有臉回英國？

因此，在萬念俱灰之下，他只想一死了之。但正當他心灰意冷的時候，忽然看見牆角有一隻正在結網的蜘蛛。一陣風吹來，網立刻被吹破了，但是蜘蛛立刻開始重新結網。好不容易快要結成時，又一陣大風吹來，網又散開了。像是要和風比賽一樣，蜘蛛始終沒有放棄。風愈大，牠就織得愈勤奮。等到牠第七次把網織好以後，風終於完全停止了。

威靈頓將軍看到了這一幕後，不禁有感而發：一隻小小的蜘蛛都有勇氣對抗大自然這個強大的勁敵，何況自己一個堂堂的將軍，更應該奮戰到底！

於是，威靈頓將軍坦然接受失敗的事實，並且重整旗鼓。苦心奮鬥了八年之久，最後在滑鐵盧之役一舉打敗拿破崙。

其實，威靈頓將軍贏就贏在他懂得「放開」失敗的挫敗心，如果說，世界上有一種藥能夠救人於失敗落魄的境地中，那麼這劑藥的名字就叫做「堅韌」。

堅韌需要特別的勇氣，需要不屈不撓，堅持到底的精神。有的人在困難面前，展現了他的堅韌，打敗了困難，有的人則在困難面前畏懼，甚至退縮。

人的一生如果過於順利，就如溫室裡的花朵一樣，雖然也能綻放豔麗，但卻缺乏一種源於大自然、經歷風吹雨打後，展現出的生命力。

只有經過大自然狂風暴雨的洗禮和錘煉後，才能誕生出旺盛的生命力，然而，人生又何嘗不是如此。當一個人身處於逆境之中，若能堅強地忍受一切的不如意，甚至於磨難，還仍然屹立不倒，才是人生最後的贏家！

你有沒有想過

每個人都曾經有過萬念俱灰、心灰意冷的低潮時候，卻不是每個人都能像前述故事中的威靈頓將軍在看到「蜘蛛結網」的場景，就能重拾信心，坦然接受失敗的事實，但是只要我們經常安慰自己，有時候，人生過於順利，並不完全是件「好事」，或許，我們就可以早一點從失敗的廢墟中，重新站起來。

找到自己小確幸

人如果過於順利，就如溫室裡的花朵一樣，雖然也能綻放豔麗，但卻缺乏一種源於大自然、經歷風吹雨打後展現出的生命力。只有經過大自然狂風暴雨的洗禮和錘煉後，才能誕生出旺盛的生命力，然而，人生又何嘗不是如此。

任何事情「適可而止」，才能獲得真正的快樂

人應該盡力克制自己過高的慾望，培養清心寡慾，知足常樂的生活態度。

孟子有一句話：「養心莫善於寡慾」，這句話是說，希望心能夠正，慾望越少越好。自古仕途多變動，所以古人身在官場的紛華中，也必須要有時刻淡化利慾之心的準備。

利慾之心每個人都有，甚至是人與生俱來的基本慾望，有些人把利慾看得比生命還重，這都是很常見的。所以我們更應該自制，不該把一切看得太重，到了接近極限的時候，要能把握得住，要能跳出爭奪的圈子，不為利慾之爭，而失去一切。

那麼到底該怎麼做，才能使自己的慾望趨淡呢？

用世事萬物來比喻就可以融會貫通，比如說，看到深山中參天的古木旺盛的生長，不曾被盜砍盜伐，深究原因是這些樹，不為世人所欣賞，才能悠閒地度過歲月，肆意的生長

茁壯。

看到天際的彩雲絢麗萬狀，可是一旦陽光淡去，滿天的緋紅嫣紫，就成了幾抹淡雲。古人就會得出結論道：「常疑好事皆虛事」。

自漢魏以降，高官名宦，無不以通佛味解佛心為風雅，可以在失勢時自我平衡，自我解脫。

因此，除了在苦難中要忘卻悲傷，在追求快樂的時候，也不要忘記「樂極生悲」這句話。

適可而止，才能掌握真正的快樂。大凡美味佳餚吃多了，就如同吃藥一樣，只要吃一半就夠了；令人愉快的事，追求太過，則會成為敗身喪德的媒介，能夠控制一半，才是恰到好處。

人生在世，除了利慾的慾望以外，還有各種各樣的慾望，慾望在一定程度上是促進發展的動力，可是，慾望是無止境的，慾望太強烈，就會造成痛苦和不幸。

因此，人應該盡力克制自己過高的慾望，培養清心寡慾，知足常樂的生活態度。其實，生命的樂趣很多，何必那麼關注功名利祿這些身外之物呢?少點慾望，多點情趣，人生會更有意義。

你有沒有想過

追求利慾的心，其實是人與生俱來的基本慾望，但重點應在於我們是否知道自制，是否懂得什麼時候，應該「適可而止」，如此一來，才不至於像有些人把利慾看得比自己的生命還要重要。

找到自己小確幸

適可而止，才能掌握真正的快樂。大凡美味佳餚吃多了，就如同吃藥一樣，只要吃一半就夠了；令人愉快的事，追求太過，則會成為敗身喪德的媒介，能夠控制一半，才是恰到好處。

如何讓自己的財富，變成大家的幸福

比爾·蓋茲，曾經說過這樣一句名言：「當你有了一億美元的時候，你就明白錢不過是一種符號，簡直毫無意義。」

金錢是生活必須，是衣食住行的基本保證，沒有它就無法在現代社會生存。但珍惜金錢不能讓自己變成吝嗇鬼，應該把錢用在該用的地方。

為了讓自己的財富變成許多人的幸福，有錢人可以利用財物多行佈施，廣結善緣，修路造橋，救濟貧困，或捐獻慈善機關，或設置獎（助）學金，「取之於人，用之於人」，幸福了他人，也快樂了自己。

比爾·蓋茲，曾經說過這樣一句名言：「當你有了一億美元的時候，你就明白錢不過是一種符號，簡直毫無意義。」

比爾・蓋茲在《富比士》世界富豪排行榜，連續幾年位居榜首，然而，做為「世界首富」，他卻是個不會花錢的人，他穿的是普通的T恤衫，吃的是平常的漢堡包，他的朋友雷伯恩說：「他哪像美國最富有的人呀，竟然沒有隨從，外出好像是閒逛一樣，還對我說：『喂，你好，我們一起去吃熱狗吧。』」

幾乎全世界的人都替比爾・蓋茲發愁：那麼多錢，怎麼才能花完呀？可是，比爾・蓋茲卻早已經找到花錢的方法。

巴西《閱讀》週刊報導說：「最近比爾・蓋茲向外界公開了遺囑，其中宣佈將把全部財產的九十九%留給自己創辦的比爾・蓋茲和梅林達・蓋茲基金會。」梅林達・蓋茲是比爾・蓋茲的妻子，這個以兩人名字命名的基金會，將負責把這筆錢用於研究愛滋病和瘧疾的疫苗，並為世界貧窮國家抵禦這兩種疾病提供援助。比爾・蓋茲捨棄自己的財富去幫助更多的人，得到了全世界人民的尊重。

然而，有些年輕人，總喜歡把尊嚴和金錢相提並論，以為有了錢就有了尊嚴，炫耀財富，即是高貴身分的體現。但其實不然，因為這根本就是截然不同的兩個概念，要知道人的尊嚴無法用金錢衡量，而金錢也買不到真正的尊重。

你有沒有想過

如果讓你擁有比爾．蓋茲十分之一的財產，你會在自己的遺囑上，如何處理這筆龐大的遺產呢？你會像比爾．蓋茲一樣，捐出九十九%的財產，用於研究愛滋病和瘧疾的疫苗嗎？還是依照傳統，將全部遺產留給自己的後代來繼承呢？

找到自己小確幸

為了讓自己的財富變成許多人的幸福，有錢人可以利用財物多行佈施，廣結善緣，修路造橋，救濟貧困，或捐獻慈善機關，或設置獎（助）學金，「取之於人，用之於人」，幸福了他人，也快樂了自己。

知道自己無知，才是真正的聰明

固執自己見解的人，會不明白事理；自以為是的人，不會通達情理；自傲者，不會獲得成功；自誇的人，他所得到的一切都不會保持長久。

誠實地看待自己，承認自己無智無知，有什麼不好呢？

古代西方有則流傳很廣的故事：德爾斐傳達「神諭」的女祭司，告訴蘇格拉底的朋友說：「蘇格拉底是人間最聰明的人。」

蘇格拉底感到自己並不聰明，於是親身去證實這個「神諭」。他到處去找有知識的人談話，其中不乏政治家、詩人、工匠等等。結果證明這些人並沒有知識，因而發現「那個神諭是不能駁倒的」。

於是，他反問自己，自己的聰明究竟表現在哪裡？但他覺得自己其實很無知，因而推論到「自知自己無知」正是聰明的所在之處。

看來，自知自己無知才是真聰明，相反，自認為自己博學多知，甚至能智勝天下者，倒可能是太糊塗。

我們身邊都有些自以為是、沾沾自喜、自高自大的人；這些井底之蛙的驕傲使他們變得盲目，讓真正有識之士看了發笑。

人真正的謙虛不是表面的恭敬，外貌的卑遜，而是發自內心認識到猖狂之害，發自內心的謙和，才可能成就大事。

驕矜，是指一個人驕傲專橫，傲慢無禮，自尊自大，自以為是。我們可以經常在現實生活中見到這樣的人。

具有驕矜之氣的人，大多自以為做事能力比別人強，看不起他人。由於驕傲，則往往聽不進別人的意見；由於自大，則做事專橫，輕視有才能的人，看不到別人的長處。

驕矜的對立面是謙恭、禮讓。要忍耐驕矜之態，必須是不居功自傲，自我約束。常常考慮到自己的問題和錯誤，虛心地向他人請教學習。

固執自己見解的人，會不明白事理；自以為是的人，不會通達情理；自傲者，不會獲得成功；自誇的人，他所得到的一切，都不會保持長久。

你有沒有想過

其實，真正聰明的人，往往是那些知道自己還有很多不知道的人，因為，真正聰明的人，就是知道自己有那些不足之處，因此，在面對問題時，懂得避開自己知道的那些缺點。

找到自己小確幸

具有驕矜之氣的人，大多自以為做事能力比別人強，看不起他人。由於驕傲，則往往聽不進別人的意見；由於自大，則做事專橫，輕視有才能的人，看不到別人的長處。

不要做一個非常富有的「心靈窮光蛋」

幸福不在於擁有金錢，而在於獲得成就時的喜悅，以及產生創造力的激情。

前些日子在媒體上看到這樣一則標語「誰富裕誰光榮，誰貧窮誰無能。」這則標語不僅醒目，而且真切地反映了人們渴望富裕，追求富裕的迫切心情。然而，它的表述卻令人覺得彆扭，甚至有些歧視貧窮的感覺。因為，難道富裕了就可以瞧不起那些貧困的人，而貧困的人就應該自卑下去嗎？

我們來看一則寓言故事，便能從中感悟到一些東西。這則故事的內容是說一位十分富有的父親，想讓兒子看看窮人的生活，使他知道自己生在一個富有的家庭是件多麼幸福的事。

於是，這位父親帶著一家人來到鄉下，他們找到了一戶最窮的人家，在那兒度過了一天一夜。

回來後，父親便問兒子：「你認為此行的感覺如何？」

「非常好，爸爸！」

「現在你該知道窮人生活是什麼樣子吧？」父親問道，「你都看見什麼了？」

「我看到我們家花園中央有一個游泳池，他們卻有一條沒有盡頭的小溪；我們家花園裡有許多進口的燈，他們卻擁有滿天的繁星；我們家的院子雖然很大，他們家的院子卻延伸到地平線上。」兒子又說：「謝謝你，爸爸，你讓我明白了我們是多麼貧窮！」

富者可能在某些時候或某些方面抓住了機遇，成為了有錢人，然而，為富不仁、棄貧愛富，其實是「貧困」的另一種表現，而這種表現讓整個社會都厭惡。

以貧富論英雄，是一種狹義的貧富觀。中國著名的數學家陳景潤算是窮到家的代表，但是誰又能鄙視陳景潤呢？還有歷代以來的那些清官、廉官，誰又能說他們無能值得鄙視嗎？

那些貧窮一點的人，實在不應該看輕自己的位置，不要盲目自卑，更不要因為貧窮，而丟掉某些富人們所不能擁有的「富裕」。

可以說，世界沒有絕對的窮人，也沒有絕對的富人。因此，不管是富人還是窮人，都不要因為自己身處的位置，而驕傲或者自卑、鄙視或者羨慕。

有句話說得好：「每個人都有自己的舞台。」只要自己能夠正視這點，我們都將是最「富有」的人。

你有沒有想過

有人形容為富不仁的富人「窮到只剩下錢」，但也有真正的窮人自嘲自己「窮到只剩下零錢」，其實，一個人不論有錢沒錢，最重要的應該是自己到底活的快不快樂，也就是說如果你活的不快樂，即便讓你擁有家財萬貫，那麼你充其量也只不過是一個非常有錢的「心靈窮光蛋」。

找到自己小確幸

富者可能在某些時候或某些方面抓住了機遇，成為了有錢人，然而，為富不仁、棄貧愛富，其實是「貧困」的另一種表現，而這種表現讓整個社會都厭惡。

錯誤的方向，無法走到正確的地方

倘若一個人能夠放下心中的那份執著、破除心理的固執念頭，人生將會少許多煩惱、多些成功，也就能夠頓悟成佛。

古時，有個修行人日夜坐禪，一位法師知道這個修行人很有法緣，就前往問他說：

「大德坐禪，圖的是什麼？」

他說：「我想成為佛。」

法師聽完，就拿一塊磚頭在庵前的石頭地上磨。

修行人好奇的問：「大師在作什麼？」

「我想把磚頭磨成鏡。」

「磚頭磨了怎麼可能會變成鏡子？」

「是呀，坐禪又怎麼能成為佛呢？」

後人常以「磨磚成鏡」，來比喻哪些執著於無望事情的愚蠢行為。這一個著名的禪門公案，明確指出參禪，若尋不得正確途徑，即便是有執著精神，也必然是一事無成。

有位神贊和尚原來在福州大中寺學習，後來外出參訪的時候，遇見百丈禪師而開悟。當他回到原來的寺廟，他的老師問：「你出去這段時間，取得什麼成就沒有？」

神贊說：「沒有。」

又有一天，老師正在看佛經，有一隻蒼蠅一個勁兒地向紙窗上撞，試圖從那裡飛出去。神贊看到這一幕，禁不住做偈一首：

「空門不肯出，投窗也太癡，百年鑽故紙，何日出頭時？」

他的老師放下手中佛經問道：「你外出參學期間，到底遇到了什麼高人，為什麼你訪學前後的見解差別如此之大？」

神贊只好承認：「承蒙百丈和尚指點有所領悟，現在我回來是要報答老師您的恩情。」

神贊見到老師為書籍文字所困，不好意思直接點明，只好藉助蒼蠅的困境來指出老師的不足。文字語言都是一時一地的工具，事過境遷再執著於文字，就如同那隻迷惑的蒼蠅一樣總是碰壁。

倘若一個人，能夠放下心中的那份執著、破除心理的固執念頭，人生將會少許多煩惱、多些成功，也就能夠頓悟成佛。

相反，如果過於執著那些本不該執著的關係、手段、事情，將會迷失更多的人生。

你有沒有想過

所謂的「執著」，其實，就是沉迷於自己認為是對的事情，例如成功、例如夢想…因此，當別人要我們將「執著」放下，我們才會那麼理直氣壯地向別人反駁說，自己執著於「成功」、執著於「夢想」，到底有什麼不對？

找到自己小確幸

若尋不得正確途徑，即便是有執著精神，也必然是一事無成。因此，如果過於執著那些本不該執著的關係、手段、事情，將會迷失更多的人生。

想法改變，世界也跟著改變

事實上，大多數人常常是「除境不忘心」，而這一切都在於在他們被「念」所困，其實，智與愚的差別不大，只是看我們如何把握自己的「念頭」罷了。

「境」只是影響我們內心變化的一個外因，真正影響我們的是「念頭」，也就是我們本身的思維。

而這個「念頭」唯有不受「境」的左右時，才是最高境界的「悟」。

有一天，兩個和尚結伴，從一座廟走到另一座廟去。走到半路，突然被一條河擋住了去路。這條河上沒有橋，水並不太深，他們決定涉水而過。

正在這時，一位貌美的婦人也來到河邊，她說有急事必須過河，可是又怕河水把她沖走。第一個和尚見此情景，毫不猶豫地背起婦人，涉水過河，把她安全地送到了對岸。第二個和尚跟在後面，也順利地過了河。

兩個和尚默不作聲地繼續趕路。

又走了好幾里路，第二個和尚終於憋不住了，突然對第一個和尚說：「師兄，我們和尚絕不能近女色，剛才你為何犯戒，背著那個婦人過河呢？」

第一個和尚淡淡地回答：「我一過河就把她放下來了，怎麼你走了好幾里路，到現在還『背』著她呢！」

師弟自從師兄準備背著婦人過河的時候，便被「心」困住了，認為師兄這樣做是有悖戒律的。所以，當「外境」消除後，他的「內境」卻無法消除；而師兄則不然，他根本就沒有將背上背著的婦女當做女人，而是當做普通的眾生，他就做到了「忘心」，因此，無論「外境」是無是有，都影響不到他。

事實上，大多數人常常是「除境不忘心」，而這一切都在於在他們被「念」所困——「不忘心」，即便現實中的「境」消失了，心中的「境」卻不會消失；只有少數人的「念」不被「境」所困，而這些人也就成為了智者。

由此看來，其實智與愚的差別不大，只是看我們如何把握自己的「念」罷了。

你有沒有想過

其實，很多心情沉重的人，都是像前述故事中的第二個和尚，無法在「過河」之後，就立刻放下應該放下的東西，以致於「心靈行李」中的雜物越積越多，因此，心情怎麼可能輕鬆地起來呢？

找到自己小確幸

「境」只是影響我們內心變化的一個外因，真正影響我們的是「念頭」，即我們本身的思維。而這個「念頭」唯有不受「境」的左右時，才是最高境界的「悟」。

過於乾淨的環境，釀不出香醇的美酒

在污濁的時代潮流中飄盪，難免會沾染上塵埃，我們該做的不是花費心力拍去身上總是一再黏上來的髒污，而是不論身上多麼骯髒、污穢，都要保持著一顆純淨的心。

郭子儀雖擁有再造大唐的功勳，但以身繫天下安危數十年，卻是歷史上少有，然而，郭子儀卻也有另外的一面：窮奢極慾。

唐朝官員的俸祿很高，郭子儀數十年出將入相，身居高位，俸祿的收入，相當可觀，而家中子弟也都因他的庇蔭做大官、安享富貴，郭子儀門生部將遍及海內，因此，他每年收的禮物，更是難以計數。

當時朝廷因連年征戰，國庫空虛，皇上經常愁著沒錢可用，但郭子儀家中，卻是珍寶堆積如山，府中奴僕就有一千多人，個個衣綢錦緞。

郭子儀的幕僚中，有人見此景象，便勸他說：

「現在正當艱難之時，國家財政匱乏，軍費常常籌措不出，士兵們常常因缺餉而鬧兵變，皇上自奉也很儉薄，您卻厚自奉養，斂財積貨，不如把多餘的錢財上交國庫，或者充作軍費，功德就更高了。」

郭子儀卻笑著搖著頭說：「這你就不懂了，安祿山、史思明禍亂天下，朝臣中有識之士，就歸咎於朝廷，沒有及時給二人封爵，試想假若安祿山有王公爵位，他就會愛惜它，想把這富貴傳給子孫，還會輕易鋌而走險嗎？」

語畢，郭子儀喝了一口茶後，繼續接著說道：「我以一點微薄的功勞被封王爵，本來是不相當的，我卻居之不疑，不是沒有自知之明，而是向朝廷表明我是既貪戀富貴而又安於富貴的人。朝廷所擔心的不是大將錢多，而是功名太盛，跋扈不服朝命，甚至造反。我現在功名已至極處，無可復加，如果像你所教我的那樣做，皇上反而要疑心我有所圖謀了。」

幕僚聽了郭子儀的解釋後，才恍然大悟，慚愧無語。

完美無缺的聖人，總是讓人覺得難以清淨，這放到現在社會也是一樣，一個人過於無欲無求，人們反而認為他在圖謀更大的東西，因此，便開始用謠言中傷這個無所求的人，以小人之心度君子之腹；這感覺聽起來有些沒道理，但這就是人性。

所以，我們只有兩種選擇，一是改變這個猜疑的社會，二是改變被人猜疑的自己。而郭子儀選擇的就是第二種，可是他並沒有因為外在的掩護，而喪失自己的本心。

在污濁的時代潮流中飄盪，難免會沾染上塵埃，而我們該做的不是花費心力拍去身上總是一再黏上來的髒污，而是不論身上多麼骯髒、污穢，都要保持著一顆純淨的心。

你有沒有想過

在這個處處充滿猜疑的社會，只要你表現「正常」一點，別人就會認為你另有所圖，例如你認為你發自內心幫助別人，並不期待別人任何回報，但卻會被有心人士，解讀成你現在不求別人回報，其實是想在將來有需要的時候，再向別人索討更大的「恩情」！

找到自己小確幸

一個人過於無欲無求，人們反而認為他在圖謀更大的東西，因此，便開始用謠言中傷這個無所求的人，以小人之心度君子之腹；這感覺聽起來有些沒道理，但這就是人性。

第五輯：以退為進，其實是另一種向前的方法

「以退為進」貌似軟弱退縮，實則積蓄實力，加速進展。不過「以退為進」必須懂得隨機應變，反應迅速，以便挽回劣勢，反敗為勝。

用「和氣」來化解別人的「脾氣」

怒氣就像垃圾一樣，它的歸處只有垃圾桶，而不是在人的心上。

在狂風暴雨中，飛禽會感到哀傷憂慮惶惶不安；晴空萬里的日子，草木茂盛欣欣向榮。由此可見，天地之間不可以一整天都沒有祥和之氣，人的心中也不可以一天都沒有喜悅的思緒。

天底下的人，本來都是獨一無二，各有各的個性，所以，更不該因為性格上的差異，甚至微不足道的小過節，而互相詆毀，互相仇視，互相看不起。

宋朝的王安石和司馬光在西元一〇一九與一〇二一年相繼出生，彷彿有約在先。兩人年輕時，互相傾慕，司馬光仰慕王安石絕世的文才，王安石尊重司馬光謙虛的人品，在同僚們中間，他們倆的友誼，簡直成了典範。

可惜，王安石和司馬光的官愈做愈大，心胸卻慢慢地變得狹窄起來。相互唱和、互相讚美的兩位老朋友竟反日成仇，成了兩隻好鬥的公雞，雄赳赳地傲視對方。

有一回，包拯邀集全體僚屬飲酒賞花。席中包拯敬酒，官員們個個善飲，只有王安石和司馬光酒量極差，兩人就因為敬酒起了爭執。

自此兩人結怨更深，王安石得了一個「拗相公」的稱號，而司馬光也沒給人留下好印象，他忠厚寬容的形象大打折扣，以至於蘇軾都罵他，給他取了個綽號叫「司馬牛」。

到了晚年，王安石和司馬光對他們早年的行動都有所後悔。王安石曾對侄子說，以前交的許多朋友，都得罪了，其實司馬光這個人是個忠厚長者。司馬光也稱讚王安石，誇他文章好，品德高，功勞大於過錯，然而，彷彿是又有一種約定似的，因為，兩人在同一年的五個月之內，相繼歸天。

在去世前，王安石和司馬光一定會為兩人之間友情的破裂，感覺到遺憾吧？

朋友之間相處，需要用「和氣」來化解彼此之間的矛盾，對方給了我們氣受，我們也不必一定要把它放在心上，何不拋在腦後，下一次見面，就當作沒有這回事，繼續嘻嘻哈哈的相處。

要知道，怒氣就像垃圾一樣，它的歸處只有垃圾桶，而不是在人的心上。

你有沒有想過

如果對方給你氣受，要叫你完全不放在心上，好像有點強人所難，因為，人吃五穀雜糧，難免一定會有一些脾氣，不過如果我們可以改變一下心境，那就是當下次，對方給你氣受的時候，你就明白地告訴對方，如果對方將氣發洩在你的身上，心裡會比較舒服一點，那麼你非常樂意當他的「情緒垃圾桶」。

找到自己小確幸

天底下的人，本來都是獨一無二，各有各的個性，所以，更不該因為性格上的差異，甚至微不足道的小過節，而互相詆毀，互相仇視，互相看不起。

「想法」必須加上「做法」才能等於「成功」

有許多人都很想成功，但是他們卻連一個實際的做法都沒有，那是無論如何，都不可能會有所作為的。因為只有當你懷抱著一個邁向成功的計劃後，才會恍然發現原來機會無處不在。

六祖惠能在解釋何為「般若」時說道：在腦裡出現的每一個念頭都是智慧，因為只有思考了才能產生念頭。更進一步說，有了念頭就等於有了成功的種子。

三祖鑑智禪師曾做過一首《花種雖因地》的示法偈，他認為：即便有了大地和種子，也並不一定就能春色滿園，關鍵還要人來播種。

這個「播種」的過程，就是前面六祖惠能提到的「產生念頭」，而這也是許多人之所以能夠成功的秘密所在。

有一個年輕人不斷地到教堂去祈禱，而且他的禱告詞幾乎每次都相同，第一次他到教堂時，跪在聖壇前，虔誠地低語：「上帝啊，請念在我多年敬奉您的份上，讓我中一次彩票的頭彩吧！阿門！」

幾天後，他又垂頭喪氣地回到教堂，同樣跪著祈禱，重複著他的禱告語。如此周而復始，不間斷地祈求著。

到了最後一次，他跪著苦求：「我的上帝，為何你不垂聽我的祈求，我是多麼的虔誠呀！讓我中彩票吧！哪怕只有一次，讓我解決所有困難，我願終身敬奉您……」

就在這時，聖壇上空發出一陣宏偉莊嚴的聲音：「我一直在傾聽你的禱告。我很想幫助你這個虔誠的信徒，可是你要想中頭彩，最起碼也該買一張彩票吧！」

的確，在現實生活中，有許多人都很想成功，但是他們卻連一個實際的做法都沒有，那是無論如何，都不可能會有所作為的。

然而，在我們的頭腦裡，有過怎樣的信念呢？有沒有在頭腦中，描繪過自己的成功理想呢？光只是想像自己成功後的模樣是不夠的，必須要有想法、有作法才可以。

因為，只有當你懷抱著一個邁向成功的計劃之後，才會恍然發現原來機會無處不在。

你有沒有想過

其實，每個人心中都有幾個只要真正去落實，就一定可以成功的「想法」，但為何我們明明知道內心的某些「想法」，只要肯去做，就一定會成功，卻又遲遲不肯去做呢？原因就出在我們對自己沒有信心，因此，我們只好用「自己還沒有準備好」這種爛到不行的藉口，來讓自己跟這些可能會成功的「想法」擦身而過。

找到自己小確幸

腦裡出現的每一個念頭都是智慧，因為只有思考了才能產生念頭。更進一步說，有了念頭，就等於有了成功的種子。

每座森林，都是從一顆種子開始

有些人之所以成功，是因為在他們心中不但有成功的渴望，而且在他們心裡還有一個成功的想法。

成功者與平庸之輩最根本的差別並不在於天賦，也不在於機遇，而在於有沒有想法。

從前有位思想家提出過許多哲學想法和理論。有個人很崇拜這位思想家，很想從思想家那裡，得到一些關於成功的秘密。

於是，這個人有一天去拜訪這位思想家，並向思想家詢問成功秘訣。

思想家毫不避諱地對他說：「我的成功秘訣很簡單，除了吃飯、睡覺以外，就是思考，所以才會有一些你現在看到的成就。」

那個人留下了地址，很高興地回家去了，並希望思想家有時間去拜訪一下他。

過了很長一段時間，思想家偶然想起此事，便按照地址去拜訪此人，想看看他是否有所參悟。

不料開門的是個女人，當思想家進入那個房間後，幾乎嚇了一跳：只見那個人躺在床上，而且已經消瘦的不成人樣，可見是用腦過度所致。

那個人見到思想家連忙問道：「我已經回家好幾個月了，按照您交給我的秘訣，但是始終沒有思考出任何東西，能夠讓我成功，您說這是怎麼回事呢？」

思想家反問道：「那麼你坐在房中，都思考些什麼？」

那個人回答：「什麼都思考，我發覺我的腦子都快要裝不下了。」

思想家對他說：「你這樣思考只能思考出一些思想垃圾和幻想，當然不會成功了！」

很顯然，思想家希望那個人產生的「思考」是智慧，並非讓他吃飽了飯，整天躺在床上，山南海北地瞎琢磨，與其產生出一些垃圾念頭，還不如踏踏實實地做點事情為妙。

但對於大多數人來說，在內心擁有一顆成功的想法種子是很重要的，因為，任何一片廣袤的森林都有可能是由這粒種子造就的。成功亦是如此，它可能僅僅是由一個信念或想法成就的。

有些人之所以成功，是因為在他們心中不但有成功的渴望，而且，在他們心裡還有一個成功的想法。

正是有了這個想法，他們才有了奮鬥的方向、拚搏的動力，才引導著他們一步步地走向了成功，並擁有了幸福。

你有沒有想過

其實，每個人的腦袋，每天都會產生一些沒什麼用處的「思想垃圾」，但重點就在於我們懂不懂得用現實生活中的「資源回收」的方式，分門別類地從這些「思想垃圾」當中挑出一些可以再次利用於日常生活中的「思想」。

找到自己小確幸

成功者與平庸之輩最根本的差別，並不在於天賦，也不在於機遇，而在於有沒有想法。成功者正是有了「想法」，他們才有了奮鬥的方向、拚搏的動力，才引導著他們一步步地走向了成功，並擁有了幸福。

自制力，是成功必備的一種基本能力

現在失敗的人居多，是因為真正能掌控自己的人實在太少，其實勝利很簡單，無非需要一點思想，需要一點意志力，再加上一點點的時間。

一個人，無論做什麼事情，都要受道德和法律的約束，日常生活中也要懂得約束自己的言行。

常言道：「人是感情的動物。」其實還應當補充一條：「人是理智的動物。」一言一行，都該是理性的，理智的。一個人聽任感情發洩，那會有什麼結果？任憑情感激蕩、衝動、莽撞，不用意志的堤壩加以控制，潮流便氾濫開來，悲劇就此發生。

自覺地控制自己的情感意外發作的能力，叫作自制力。對於剛踏上社會的年輕人，培養自己的自制能力就特別重要，因為年輕人的想法較為粗淺，卻容易衝動，也容易想入非非。為此，便需引導學會自制。

高度的自制力，可以克制任何有悖理智的衝動，戰勝一切阻礙向目標前進的恐懼、動搖、怠惰、貪欲等負面情感。

岳飛喜歡飲酒，高宗對他說：「今國難當頭，你不可嗜酒啊！」岳飛從此把酒戒了，並終身不飲。岳飛的自制力好，所以他能大小數百戰，攻無不勝，戰無不克。吳王夫差戰勝不了自己的欲望，所以被人用美女和財寶打敗。越王勾踐戰勝了自己的欲望，記住自己的恥辱，為了尊嚴，他最終奪回了自己的江山，還消滅了吳國。

美國教育家威廉．赫金博士曾說：「人性有讓自己同化於全力注意之事物的傾向。」而現在，只要一打開電視或翻開報章雜誌，觸目所及的都是色情暴力，極富刺激的畫面。這樣負面的形象正大大影響人們的價值觀，大眾傳播又因利字當頭，所以不擇手段，源源不絕的提供這種鏡頭或情節，成了助長未成年人暴力、吸毒、殺人等事件激增的直接、間接的因素。

這個世界誘惑實在太多，而能在關鍵時刻，管得住自己就是勝利！

現在失敗的人居多，是因為真正能掌控自己的人實在太少。其實勝利很簡單，無非需要一點思想，需要一點意志力，再加上一點點的時間。

你有沒有想過

其實，任何人最難培養的就是自我約束的自制能力，譬如三更半夜，路上沒有半輛車，那麼在路上開車遇上紅燈亮起的我們，多半不會依照規定，將車子停下來「等紅燈」，而是會毫不考慮地踩下油門「闖紅燈」⋯

找到自己小確幸

「人是理智的動物。」一言一行，都該是理性的，理智的。一個人聽任感情發洩，那會有什麼結果？任憑情感激蕩、衝動、莽撞，不用意志的堤壩加以控制，潮流便氾濫開來，悲劇就此發生。

以退為進，其實是另一種向前的方法

「以退為進」貌似軟弱退縮，實則積蓄實力，加速進展。不過「以退為進」必須懂得隨機應變，反應迅速，以便挽回劣勢，反敗為勝。

現實生活中，人們總是採取一種寧折勿彎的做法，一味地承受工作和生活帶給他們的種種壓力和煩惱，卻不能用一種很有效的方法將之化解掉。若總是如此，一生只會活在無限的迷茫和痛苦之中。

傳說江南有一戶富貴人家，人丁興旺。老爺子的妻妾為他生下了一大堆兒子。他感覺自己年老體衰時，開始尋找自己的接班人，只嘆兒子太多，不知選誰才好。兒子之間因此勾心鬥角，老爺子擔心他們相互殘害，無奈至極，遲遲無法做出決定。

某一天，他發現其中一個兒子很少說話，只是默默地幫他做事，從不參與兄弟之間的爭鬥。老爺子開始特別關注這個兒子。最終，接班人的擔子交給了這個不善言辭的兒子。

這或許就是我們常說的「以退為進」。就是用與本意相悖的言行，看似倒退，實則伺機而動，以取得更大進展。

「以退為進」貌似軟弱退縮，實則積蓄實力，加速進展。

不過「以退為進」必須懂得隨機應變，反應迅速，以便挽回劣勢，反敗為勝。

行軍打仗一味向前，雖然勇氣可嘉，然而卻未必能夠打勝仗。歷史上有些經典戰役，就是因為知道進退之道，而最終取得勝利，這也是我們人生值得學習和借鑑的智慧；不以一時的進退觀成敗，而是以一種平和的心態，化解掉內心的壓力，採取以退為進的人生智慧創造精彩無比的美麗人生。

在一定條件下，窄就是寬，低就是高，退就是進。掌握了這一點，就能使得心靈及其行為達到更高層次的自由。

在這個適者生存，充滿挑戰的大環境下，知難而進，勇往直前是需要提倡的；因為，空有傲骨，一味蠻幹，往往會適得其反；因為盲目進取，得不償失，勢必因進反退。

然而，審時度勢，耐心等待，積蓄力量，以退為進，才是真正的聰明之舉、韜晦之計。

你有沒有想過

有時候，「不爭」是「爭」的最高明表現，就像在現實生活中，有些我們用盡心力去爭取的事情，往往無法獲得預期的結果，但有些我們一開始就退出競爭的事情，最後的結果，卻經常出乎我們的意料之外。

找到自己小確幸

現實生活中，人們總是採取一種寧折勿彎的做法，一味地承受工作和生活帶給他們的種種壓力和煩惱，卻不能用一種很有效的方法將之化解掉。若總是如此，一生只會活在無限的迷茫和痛苦之中。

不該讓「自己」成為最熟悉的陌生人

真正認識自己並不是件容易的事，有人活了一輩子，對別人認識的很清楚，把握的很準確，但對自己卻不認識，也不能準確掌握。

在古希臘帕爾索山上的一塊石碑上，刻著這樣一句箴言：「你要認識你自己。」盧梭稱這一碑銘：「比倫理學家們的一切巨著都更為重要，更為深奧。」顯然，正視自己事關重要。

智者總能正確認識自己的才能，並以自己的才能為基礎，懂得「力所不及」和「過及」的辯證法則。真正認識自己並不是件容易的事，有人活了一輩子，對別人認識的很清楚，把握的很準確，但對自己卻不認識，也不能準確掌握。

也有人感嘆自己不瞭解別人，卻認為完全瞭解自己，這都是不能正確認識自己的表現。

「你要認識你自己」，就是說，包括認識自己的情感、氣質、能力、水準、優缺點、品德修養和處世方式等，能對自己做出較為準確、恰如其分的估量和評價，不掩飾，不溢美。

人貴有自知之明，老子說：「知人者智，自知者明。勝人者力，自勝者強。」這顯然是把自知和自勝放在更高的層面上來評價。

沒有自知，不能自勝，每個人都要認識自己。

認識自己，首先要以旁觀者的眼光分析和審視自己，透過各種方法來瞭解自己，找準自己的位置和方向。

功是功，過是過，不誇大，不縮小，實事求是，避免主觀性和片面性。認識不足，才能克服缺點，推動自身進步。

在漫長的人生歷程中，必須正確地認識自己。把自己估計過高，會脫離現實，守著幻想度日，怨天尤人，懷才不遇，結果小事不去做，大事做不來，一事無成；把自己估計過低，會產生強烈的自卑感，導致自暴自棄，明明能幹得很好的事，也不敢去嘗試，最後抱怨終生。

可見，認識自己多麼重要。倘若能正確認識自己，面臨成功，不會忘乎所以，瞧不起別人；遇到挫折失敗，也不會喪失信心，只能更加謙虛，更加勤奮。

你有沒有想過

有人說：「自己是自己最不認識的人。」其原因就出在我們跟自己每天相處廿四小時，簡直可以用形影不離來形容，因此，我們都自以為自己已經非常了解自己，但也就是因為這個盲點，讓我們很少靜下心來，好好跟內心那個「自己」對話，所以才會讓「自己」成為自己最熟悉的陌生人。

找到自己小確幸

在古希臘帕爾索山上的一塊石碑上，刻著這樣一句箴言：「你要認識你自己。」盧梭稱這一碑銘：「比倫理學家們的一切巨著都更為重要，更為深奧。」顯然，正視自己事關重要。

不要為了名聲，把自己逼上絕路

圍棋中有一術語：平常心。所謂平常心，指的是無論面對什麼樣的比賽，都應該以平日下棋的心情對待之，這樣就能將棋下好。

西元前六三八年，宋國軍隊與強大的楚軍在泓水遭遇，雙方準備大戰。宋軍先趕到一步，已擺開陣勢，而這時楚軍正在慌慌亂亂地渡河。

這時，宋國的右司馬子魚見狀，心想這是一個克敵制勝的好機會，於是，就向宋襄公建議說：「楚國軍隊比我們多，兩軍相比，楚強我弱。現在趁楚軍渡河之際，抓住戰機，發起猛攻，我們就能以少勝多，楚軍必敗。」

一向信奉儒家教義，講究「仁義之師」的宋襄公晃了晃手，滔滔不絕地講：「不能這麼做！我聽說講道德的仁人君子不殺害受傷的人，不抓老者，不乘人之危，置人於死地。

楚軍還未列好隊，我們就打過去，這是違背仁義啊！我不能背上不仁不義的罪名。」

說話間，只見楚國兵馬接連登上陸地，但還沒有完全擺好陣勢，子魚再次苦諫：「大王啊，您要為老百姓著想，不要顧那些所謂的『仁義』了，要不然會誤國誤民的。」

宋襄公一聽，更是火冒三丈，大聲地斥責道：「滾回去，再要多嘴，我就要按軍法問罪。」

直到楚軍渡過河，列好陣勢，宋襄公才下令擂鼓出擊，結果宋軍遭到慘敗，宋襄公白己在亂陣中，屁股上被挨了一箭，不到三天就一命嗚呼。

宋襄公為了贏得「仁義」的名聲，而失去了有利的戰機，結果不但全軍覆沒，自己也送了命，教訓不可謂不深。

人們有時為了名聲，或過於看重自己的「身分」，因此，把名聲和身份擺在比生命還重要的位置上，所以，經常明明知道前面是陷阱，卻偏偏要往裡面跳，說穿了就是因為太在意面子，怕別人說三道四，結果在「名聲」、「身分」面前昏了頭，進而把自己逼上絕路。

圍棋中有一術語：平常心。所謂平常心，指的是無論面對什麼樣的比賽，都應該以平日下棋的心情對待之，這樣就能將棋下好。反之，過於興奮，把一盤棋看得過重，怕栽了面子，壞了名聲，以至於心情失衡，結果總是事與願違。

棋理與人生的道理是相通的。面對名聲，我們也應該保持一顆「平常心。」用平常心包裝自己的形象，顯得不卑不亢，是最適於生存的態度。

你有沒有想過

我們都知道不論是名聲或身份，其實都是一種很虛無的東西，但是，有些人卻把名聲和身份擺在比生命還重要的位置上，說穿了，不都是為了臉上那層比紙還要薄的面子。

找到自己小確幸

人們有時為了名聲，或過於看重自己的「身分」，因此，把名聲和身份擺在比生命還重要的位置上，所以，經常明明知道前面是陷阱，卻偏偏要往裡面跳，說穿了就是因為太在意面子，怕別人說三道四，結果在「名聲」、「身分」面前昏了頭，進而把自己逼上絕路。

你到底是要做「名聲」的主人？還是奴隸？

開放心是一種人生境界。它不是消極地讓人不思進取，無所作為，不是宣揚萬物皆空，勸人遁世，而是希望我們對生命意義的把握，進入一種更高的哲學層次。

有一位華僑富翁在美國開了一家規模不算小的飯店，還有一個不大的旅館。因為他的年事已高，因此飯店交給他兒子經營，自己則經營旅館。

旅館是棟老房子，客人不是很多，他僅雇用了兩個員工，自己和員工一塊做事。對於一個腰纏萬貫的老富翁，竟然在破舊建築裡做些看門、掃地、接送客人這類亂七八糟的雜活，有些人見狀，表示驚異，但老富翁對這些人的驚異，更驚訝地說：

「不做這個我要做什麼？人總是要工作呀！」

在他看來，擁有財富是一回事，生活方式是另一回事；人的價值首先體驗在工作上，體驗在自己還有一點用，還能做一些事情。

我們曾耳聞目睹過一些令人敬佩的大名人，他們對名聲之淡泊，有時要比平常人還放得開。

學貫中西、聞名四海的大學者錢鍾書，從來都拒絕報刊電台等新聞媒介的採訪。一位外國記者到中國拜訪他，錢鍾書拒絕說：「你知道有個雞蛋好吃就行了。何必非要見一見那隻下蛋的雞呢？」

不以名累，寵辱不驚，安之若素，永遠保持著常人的本色，這是一代名人的活法，是他們對待名聲的一種態度。

由此看來，名聲，相對於生命本質並無太多意義，不過是種外在的東西，名聲有與無、得與失，並非人生的關鍵，關鍵是自己到底是名聲的主人？還是奴隸？在生命中是我們支配它？還是被它所支配？

一個健全獨立的人的意志，會不會被它侵蝕同化？

以一種開放的心，來看待名聲，對於一切都可能會很坦然。有名，我是我，無名，我還是我。

始終保持樸素，實實在在的做人、真真切切、從從容容走自己的人生之路，這該是多麼輕鬆愜意！

保持開放心是一種人生境界。它不是消極地讓人不思進取，無所作為，不是宣揚萬物皆空，勸人遁世，而是希望我們對生命意義的把握，進入一種更高的哲學層次。

你有沒有想過

有些人把「名聲」看的比生命還重要，但有些人卻把「名聲」看的比糞土還不值，其實，人生在世，追求名聲，在所難免，但重點是你到底是要做「名聲」的主人？還是奴隸？你到底是要在生命中支配「名聲」？還是要被「名聲」所支配？

找到自己小確幸

名聲，相對於生命本質並無太多意義，不過是種外在的東西，名聲有與無、得與失並非人生的關鍵，關鍵是自己到底是名聲的主人還是奴隸？在生命中是我們支配它還是被它所支配？一個健全獨立的人的意志會不會被它侵蝕同化？

第六輯：寬恕別人，等於放過自己

凡是能做大事的人，都有原諒、寬恕別人的度量。而當寬恕了別人的同時，也等於寬恕了自己，因為心中那化不開的鬱結被寬恕解開，換來的，是一片安詳、和平與恬靜。

無法實現的不是夢想，而是妄想

向著某一天終於要達到的那個目標邁步還不夠，還要把每一步驟看成目標，使它發揮向前走的作用。——德國詩人歌德

夢想是人生取得成功的終點站，目標則是通往夢想的驛站，不論多麼輝煌的夢想，也是由無數個目標標記而成的。做夢的人應該腳步踏實，透過一個個目標，不要三心二意，幻想成功可以一蹴而就。

有個富翁派遣兩個兒子去指定的地方幫助別人。他們各領一部分財物便匆匆上路，行至中途連遭大雨，依舊風雨兼程。

不料，一條大河攔住了他們的去路，橋已被洪水沖塌，河中也沒有任何船隻過往。大哥堅持帶著財物返回家中，弟弟則就地將財物捐助給了別人，兄弟倆只好各行其道。

大哥帶著財物原路返回，一進家門就去見老父親，並稟報了途中所遇。富翁雙眼緊閉，只是低低地哦了一聲，就打發他去休息。

幾天後，小兒子幫完別人回到家中，富翁一見他便問：「你將財物散發完了嗎？」

小兒子恭恭敬敬地回答：「是的，父親。」

父親繼續追問：「那你去哪兒做的呢？是不是我指定的地方？」

「我去的地方不是父親指定的地方，但遵照您的意願，我已把所帶財物捐給了最需要幫助的人。」

父親非常滿意小兒子的回答，不久就讓小兒子接下自己所有的事業。

每個人生命中都有一個遠大夢想，但當這個夢想因為某些原因無法實現時，我們是不是就放棄了呢？

如果夢想還能實現，也沒有改變初衷的話，放棄就是不負責任的表現。不如學學富翁的小兒子，在力所能及的範圍內，而設定一個目標並實現它。

有些人可能從小就立下了鴻鵠之志，最後卻可能一事無成。有些人總說好男兒志在四方，可是連第一步都無法跨出去，這樣的人還有什麼資格談四方？

燕雀不知鴻鵠之志，但燕雀雖小，五臟俱全。燕雀的目標是下一站，這或許會被鴻鵠譏笑。

鴻鵠的志向是鵬程萬里，可是鴻鵠可能永遠處於無法達成目標的焦慮之中，燕雀卻在一次次的勝利之中前進得更遠。

你有沒有想過

通常，我們都喜歡在自己生命中，立下一個短期之內，不可能完成的遠大夢想。也就是因為這個遠大夢想，在短期內不可能完成，因此，我們經常會在這個遠大夢想完成之前，因為某些不可抗拒的因素，放棄實現這個夢想。

但是，如果我們懂得將自己遠大的夢想，切割成幾個「小夢想」來實現，那麼或許到最後無法實現「整個」遠大夢想，但至少也實現「部份」的遠大夢想。

找到自己小確幸

夢想是人生取得成功的終點站，目標則是通往夢想的驛站，不論多麼輝煌的夢想，也是由無數個目標標記而成的。做夢的人應該腳步踏實，透過一個個目標，不要三心二意，幻想成功可以一蹴而就。

把目標放低一點，不要好高騖遠

做什麼事情，都要按部就班，不疾不徐，不能為了「完工」，就不珍惜自己的身體，節奏要慢下來，目標要一個一個的去征服。

一位老師在遊覽黃山時，對他的學生說：「只有到達山的頂峰，才能體會到人生的真諦。」

學生們一聽，便紛紛準備登頂。許多學生商量好連袂而行，天剛拂曉，它們就帶上充足的食物和水，齊心協力的朝山頂發足狂奔，中途要是累了只稍作休息，渴了餓了就補給一下，全心攻頂。

只有一個學生，不與同學們為伍，獨自而行，不慌不忙，時而為青山的奇峻秀麗發出由衷的讚嘆，時而為鳥兒的自在高翔，生出油然的歡呼，心底全然沒有攻頂的覺悟。

等他登到頂峰的時候，同學們已等候在那裡。他問說：「你們怎麼這麼急？頭上都是汗耶。」同學們焦急的說：「我們找不到真諦啊！」

下山後，老師說：「山頂的真諦虛無縹緲，沿途的真諦，才能收穫於自己的心。這次考驗，只有一個同學獲得了真諦。」

我們當然知道老師說的那個同學是誰了。

生活就是這樣，只有沿途可以擷取的幸福才是真的幸福，何必步履匆匆的追求虛無縹緲的幸福呢？縱使有天大的本事，也不可能一步登天，高山仰止，也只能一步一步地攀登，才能體驗到「會當凌絕頂，一覽眾山小」是怎樣的一種境界。

請把目標放低一點，再放低一點，不要好高鶩遠，不要眼高手低。如果想破萬卷書，就必須老老實實地讀完每一本書；如果想行萬里路，就必須紮紮實實地走好每一步！太過欲求、太過緊張了，就可能會造成混亂。

做什麼事情，都要按部就班，不疾不徐，不能為了「完工」，就不珍惜自己的身體，節奏要慢下來，目標要一個一個的去征服。

既要享受過程，又要欣慰結果，只有如此，生命才算得上飽滿和充實。

你有沒有想過

通常，我們為了想早一點「攻頂」到達目標，因此，往往會日夜兼程，步履匆匆的朝著目標「狂奔」，因而，才會錯過了到達目標過程中的那些沿途美景！

找到自己小確幸

生活就是這樣，只有沿途可以擷取的幸福才是真的幸福，何必步履匆匆的追求虛無縹緲的幸福呢？

寬恕別人，等於放過自己

凡是能做大事的人，都有原諒、寬恕別人的度量。而當寬恕了別人的同時，也等於寬恕了自己，因為心中那化不開的鬱結被寬恕解開，換來的，是一片安詳、和平與恬靜。

常言道：「宰相肚裡能撐船。」這句話的來由是，古時有個氣量很大的宰相，論權勢是一人之下、萬人之上，主宰國家大權，但他從不持勢凌人。

一次，有個地方官造房子，只顧自己的府第造得如何氣魄壯觀，不顧村民的意見，占去道路三尺，致使村民行路不便。村民只得踏上宰相家的圍牆基才能過此段路。

相府的僕人忍不下去，就寫信給宰相。宰相看後說：「我以為是什麼大事，只為了小小一堵牆。」即舉筆回覆：「讓他三尺又何妨！」

宰相府的人把圍牆後退三尺，村民拍手稱讚。那個地方官看宰相如此，羞愧難當，也重新修砌了圍牆，後退三尺當道路。

全村人都說宰相官大肚量大，氣魄大，可謂是「宰相肚裡好撐船」。久而久之，這成為一句俗語，人們廣泛用於啟發勸告好勝者，要顧大局，切勿鼠目寸光，只顧自己利益。

有時候，有人犯了一個錯誤，就好比把牛奶倒翻了，反正也不能再喝了，此刻最重要的是，應該用善意的態度去找犯錯的人談話，使他能下決心不再重犯這類錯誤。

可是事實上，當人們碰到這種情況時，往往將犯錯誤的人狠狠地訓斥一頓。結果，讓他心裏存著報復之意，為反而反，總想著有機會要報復一下好解氣。這樣，他肯定無心去改正錯誤。

寬恕不是一件簡單的事，凡受過刻骨傷害的人，都知道寬恕的難。每個人的心裡，或多或少都存有自私兼固執的想法，尤其是那些思想狹隘的人；要想讓他將心裡對某人存著芥蒂和憎恨徹底除去，更是一件難上加難的事。

所謂「宰相肚裡能撐船」，是指能做大事的人，都有原諒、寬恕別人的度量。而當寬恕了別人的同時，也等於寬恕了自己，因為心中那化不開的鬱結被寬恕解開，換來的，是一片安詳、和平與恬靜。

你有沒有想過

其實，一個人最容易寬恕的人是自己，也就是說不論我們犯了多大的錯誤，第一個原諒我們、寬恕我們的那個人就是自己，但令人諷刺的是，無論犯了多大錯誤都會寬恕自己的我們，反而卻無法原諒寬恕別人犯的一點小錯誤。

找到自己小確幸

凡受過刻骨傷害的人，都知道寬恕不是件簡單的事。每個人的心裡，或多或少都存有自私兼固執的想法，要想讓他將心裡對某人存著芥蒂和憎恨徹底除去，更是一件難上加難的事。

貪圖蠅頭小利的人，無法獲得更大利益

一些可捨去的小事，就不要去計較，裝作糊塗，在糊塗中靜觀其變，從中學到知識，由弱者而變成強者。

要想有所作為，就不能貪圖一時一事的小利。假使只為貪圖那麼一點蠅頭小利，而不注意其中所帶來的大害，是再傻不過的了。

無論是上學、經商，不管是為工、為農、為士，只要是有遠大目標的人，就不會去計較眼前的一點小利，而失去更大的利益。

但往往人們容易看到小利，就忽視小利背後的一切。現實生活中，我們經常聽到飽經滄桑的老人，對不諳世故的兒女，叨叨咕咕教育說：「不要佔人家的便宜，吃點虧不要緊。」

如果屬於知識型的老人，還會講出一大堆「吃虧是福」或「禍兮福所倚，福兮禍所伏」的道理來。但無論如何，吃虧是人人都不願意的事情，甘願吃虧者，除了有特別的信仰之外，就必然是另有所圖了。

信仰是為了追求大境界，其中含有個人心情舒暢的成分；另有所圖，必然是有其他更大的利益可以獲得。

所以，在我們的文化中，又有「吃虧就是佔便宜」一說。也許，在「吃虧是福」中原本含有忍讓、後退，及息事寧人的意思；但得寸進尺、變本加厲者，已越來越多，息事寧人恐怕不易為了。

只是這「佔便宜」中的「便宜」，又應該有兩種解釋：其一，就是追求一種個人心情舒暢的境界；其二，才是在退讓中學會總結經驗教訓，以後不再吃虧。

如此看來，古人所說的「吃虧是福」和民間習慣說出的「吃虧就是佔便宜」，其實是屬於「難得糊塗」的範疇。

人與人之間，都是智慧經驗相差不多，如果有人淨佔別人便宜，只顧貪圖好處，別人心中難道會沒有數嗎？

在本來不熟悉的領域裡辦事情，肯定要先吃一些虧，透過吃虧來總結經驗教訓，豈不就是「福」？

所以，一些可捨去的小事，就不要去計較，裝作糊塗，在糊塗中靜觀其變，從中學到知識，由弱者而變成強者。

你有沒有想過

其實，嚴格講起來「吃虧就是佔便宜」這句話是違犯人性的，因為，只要是人，或多或少都有一種「什麼都吃，就是不吃虧」的潛意識。

因此，鮮少有人真的能做到「吃虧就是佔便宜」這句話，更別說是要達到「吃虧是福」這種可能連聖人都做不到的境界了…不過「少佔一點不屬於自己的便宜」，倒是我們能力所及的事…

找到自己小確幸

要想有所作為，就不能貪圖一時一事的小利。假使只為貪圖那麼一點蠅頭小利，而不注意其中所帶來的大害，是再傻不過的了。

懂得在小事裝糊塗的人，才能做大事

在無關緊要的小事上，糊塗一下，不只能培養自己的耐心，也可能會得到意外的好處。

有些涉及個人利益的小事，沒有必要分得太清楚，不妨裝一下糊塗，做一點小犧牲，幹一點份外事。

有一個在人力市場上流傳很廣的故事；一家公司招聘高級管理人才，對一群應徵者進行復試。儘管應徵者都自信滿滿地回答了考官們的簡單提問，可結果卻都未被錄用，只得怏怏離去。

這時，又有一位應徵者走進大廳，在進入面試房門後，看到地毯上有一個小紙團。地毯很乾淨，那個小紙團就顯得很刺眼。這位應徵者與眾不同的表現是，他毫不猶豫地彎腰撿起了紙團，並準備將它扔到垃圾桶裡。

這時，主考官站起來說：「您好，先生，請看看您撿起的紙團吧！」

這位應聘者遲疑地打開紙團，只見上面寫著：「熱忱歡迎您到我們公司任職。」

對自己的小利益糊塗，顯示對公家或公共利益的珍重，是這家公司在招聘人才時首要考慮的條件。

在國際名人中，也有許多因為「糊塗」自己的小利益，顯示出了超乎尋常的好品質，因而意外得到發展機遇的事例。

比如一九六一年四月十二日，前蘇聯太空人加加林乘坐四．七五噸重的「東方一號」太空船進入太空遨遊了八、九分鐘，成為世界上第一位進入太空的太空人。他為什麼能夠從二十多名太空人中脫穎而出？原來，在確定人選前一星期，太空船的主設計師羅廖夫發現，在進入太空船前，只有加加林一個人把鞋子脫下來，只穿著襪子進入座艙裡。

這個細小的舉動，雖然給自己增添了麻煩，卻一下子贏得了羅廖夫的好感，他感到這個二十七歲的青年既懂規矩，又如此珍愛他為之傾注心血的太空船，於是決定讓加加林執行人類首次太空飛行的神聖使命。

加加林珍愛他人勞動成果的修養和品行，透過一個對個人利益「糊塗」的細節，恰到好處地表現了出來，從而使他成為遨遊太空的第一人。

凡是有所成就的人，大多能夠忍耐急於成功的心理，深刻理解事物的發展是一個循序漸進的過程，而成就的累積也是由少到多，一步一步地來的，不可能一蹴可幾。

在無關緊要的小事上糊塗一下，不只能培養自己的耐心，也可能會得到意外的好處。

你有沒有想過

其實，在我們與別人交際的過程中，遭遇到很多無謂的困擾和麻煩，都是因為我們不懂得所謂的人情世故，不懂得在該裝糊塗的時候裝糊塗。

也就是說我們必須知道「水清無魚」的道理，如果你在與人交際當中，每件事情都要搞的「清清楚楚」，那麼大概沒有人敢跟你做朋友了。

找到自己小確幸

有些涉及個人利益的小事，沒有必要分得太清楚，不妨裝一下糊塗，做一點小犧牲，幹一點份外事。

我們永遠不知道下一秒鐘會發生什麼變化

生活中，我們會遇到很多難題，只有既堅持執著又堅持變通才是最好的解決之道。

有的人追求飛蛾撲火的壯烈，以為那是一種執著的美。撲火的一瞬間，飛蛾毅然決然，但終究還是化為灰燼。

生活中，我們會遇到很多難題，只有既堅持執著又堅持變通，才是最好的解決之道。這樣說似乎是有些矛盾。執著是指面對一個方向堅持走下去，而變通則是靈活應變，隨時改變方向。這兩個詞似乎是反義詞，但是，矛盾是能夠統一的，並可以在一定條件下相互轉化。

每當面臨困難時，我們要選準一個方向，執著地去搜尋解決的方法。如果絲毫不見效果，那麼方向可能錯了，這時就要動動腦筋變通一下，重新確定一個方向，再堅持不懈，直到解決困難為止。

所以說，在需要變通時一定要懂得變通，否則，我們永遠也不可能找到正確答案。

兩個人進山洞尋寶，但是迷了路。後來乾糧快吃完了，只剩下了一支手電筒。第一個人起了壞心眼，奪走了餘下的乾糧和那支手電筒，離開了第二個人。

山洞中漆黑無比，第二個人每走一步，因為沒有了手電筒，隨時都有可能摔倒。但是也正因為沒有手電筒，使第二個人的眼睛對光亮異常敏感，最後終於爬出了山洞。

而第一個人吃光了乾糧，拿著手電筒搜尋出口，怎麼找都找不到洞口，最後終於餓死在山洞裡。

這雖然只是一個小故事，但是從中我們卻可以看出許多道理。一般人在黑暗之中都需要光亮，但是第二個人卻因為沒有手電筒，而走出山洞，這是變通的表現。但是，如果第二個人缺少了執著搜尋的信念和堅持不懈的努力，也是不能爬出山洞的。

現代社會瞬息萬變，我們永遠不知道下一秒鐘會發生什麼變化，所以必須具有臨危不懼的頭腦和以靜制動的思考模式，不能隨波逐流，飄搖不定；也必須具備隨機應變的能力和靈活作戰的方式，才不會被社會淘汰。

你有沒有想過

我們在人生過程中，遭遇到的很多煩惱和困難，都是因為自己太執著自己執著的東西所造成的，其實，並非所有的執著都不能改變的，有時候，自己朝著的自己執著的方向去努力，如果無法達到預期效果，那麼就是你必須調整自己執著方向的時候了。

找到自己小確幸

每當面臨困難時，我們要選準一個方向，執著地去搜尋解決的方法。如果絲毫也不見效果，那麼方向可能錯了，這時就要動動腦筋變通一下，重新確定一個方向，再堅持不懈，直到解決困難為止。

越是執著的人，越是不懂得變通

在生命的寒冬裡，我們需要執著，然而，當面前就是萬丈深淵之時，還固執前行，就意味著死亡。

人的一生少不了一種叫做執著的精神，或者說是一種信念，但是現實生活和世界紛繁複雜多變讓我們意識到，其實，機智靈活的變通，往往比執著更能獲得「完美」。變通往往需要靈活又迅速，對規則的束縛進行掙脫，我們若一味地鑽入「執著」的死路，結果只會陷入其中不能自拔，甚智慧被稱為「鑽牛角尖的英雄人物」。所以，我們應該要求自己「開放思維」，尋找多種管道來解決問題，或許我們能從中得到不用勞神費力、盲目執著蠻幹的意外收穫。

譬如「愚公移山」的故事，人們往往會稱讚愚公的堅持不懈、執著不屈的精神。這種精神非常可貴，是戰勝困難所必備的，但如果我們突破思考模式的束縛，再來談論一下愚公的舉動，或許就會發現，其實愚公能有更好的做法。

出動全家大小、男女老幼進行移山，那經濟來源何以取之呢？與其用微乎其微的力量來「搬」山，倒不如開闢一條旅遊的通道來，豈不更好？

所以當執著真正地植入人的思想、生活和社會，就需要我們用思維和理智，另闢一條新路來。

如果缺少變通，一味地執著，也可以稱這種行為是蠻幹，這種「執著」往往使人身陷困境，並淹沒在困境中，造成不可計量的損失。

人生的旅途中，有平坦的大道、也有崎嶇的小路；有春光明媚，萬紫千紅，也有寒風凜凜，萬木枯萎。

在生命的寒冬裡，我們需要執著，然而，當面前就是萬丈深淵之時，還固執前行，就意味著死亡。

人需要變通來獲得成功，企業需要變通來獲得效益，變通就在不經意的一瞬間，就在一指間的距離，轉個彎，就能會讓人看到柳暗花明。

你有沒有想過

雖說，每個人都必須堅持自己最初的執著，但是，如果自己這個最初的執著，在一開始，方向就出了問題，就必須懂得及時去修正方向，千萬不要為了要堅持自己的執著，而不知變通，甚至對已經出了問題的執著死守不放。

找到自己小確幸

如果缺少變通，一味地執著，也可以稱這種行為是蠻幹，這種「執著」往往使人身陷困境，並淹沒在困境中，造成不可計量的損失。

氣度，決定你在別人心中的高度

無論已取得成功，或是還沒有出師下山，其實都應該謹慎平穩，不惹周圍人不快；尤其不能得意忘形，狂態盡露。

有些人看上去平平庸庸，甚至還給人「窩囊」不中用的弱者感覺，但越是姿態低微的人，在心中越是隱藏著高遠的志向抱負；表面上的「無能」，正是心高氣不傲、富有忍耐力和成大事講策略的表現。

這種人往往能高能低、能上能下，具有一般人所沒有的遠見卓識和深厚城府。

劉備一生有「三低」的行動，它們奠定他的事業基礎。一低是桃園結義，與他在桃園結拜的人，一個是酒販屠戶張飛，另一個正在被通緝而流竄江湖的關羽。劉備具有貴族血統，依然肯與他們結為異姓兄弟。

二低是三顧茅廬。為一個未出茅廬的後生諸葛亮，劉備前後三次登門求見。就算不管身分名位，只論年齡，劉備也稱得上是長輩，這長輩喝了兩碗那晚輩精心調製的閉門羹，連關羽和張飛都在咬牙切齒，他卻毫無怨言，一點都不覺得丟了臉面。但也是「這一低」，讓他得到了一張宏偉的建國藍圖，一個千古名相。

三低是禮遇張松。益州別駕張松，本來是想賣主求榮，把西川獻給曹操，曹操自從破了馬超之後，志得意滿，數日不見張松。

而劉備派趙雲、關雲長迎候於境外，自己親迎於境內，宴飲三日，淚別長亭張松深受感動，終於把原本打算送給曹操的西川地圖獻給了劉備。

在這個故事中，劉備胸懷大志，卻平易近人禮賢下士，慢慢成就了自己的基業。與之相反，曹操心高氣傲，目中無人，白白丟掉了富饒的天府之國，並且還因此耽誤了統一天下的大計。

單從這一點上看，劉備是真英雄，雖然他沒有所謂的氣勢架子；而曹操則一副狂徒之態，傲氣沖天，耀武揚威，也因此吃了大虧。

一個人，無論已取得成功，或是還沒有出師下山，其實，都應該謹慎平穩，不惹周圍人不快；尤其不能得意忘形，狂態盡露。

特別是年輕人剛步入社會，往往年輕氣盛，這方面尤其應當注意。因此，氣度決定著我們的高度，高度影響著我們的事業版圖。

你有沒有想過

我們在別人心中的高度，往往不是因為我們的財富或地位，而是我們是否懂得禮賢下士、謙卑為懷的氣度，換句話說，別人不會因為你的名片上面，印了一大堆頭銜，而發自內心尊敬你，反而會因為你肯放下身段，虛心請教，而對你刮目相看。

找到自己小確幸

有些人看上去平平常常，甚至還給人「窩囊」不中用的弱者感覺，但越是姿態低微的人，在心中越是隱藏著高遠的志向抱負。

第七輯：懂得退一步的人，不會跟人斤斤計較

俗話說，退一步海闊天空。能夠退得起的人，才能做到不計個人得失；一個心胸狹窄的人，凡事都跟人斤斤計較，如此必然招致他人的不滿。

讓別人對你的「讚美」更貨真價實

懂得勝不驕、有功不傲的人，才是真正懂生活、會做事的人，他們會因此而成為強者，成為前途平坦、笑到最後的人。

一位書法大師帶著徒弟去參觀書法展。他們站在一幅草書前，大師搖頭晃腦地一個字一個字地往下讀，突然卡住，因為，那個字寫得太草，大師一時也認不出來，正左思右想之時，徒弟突然笑道：「就是『頭腦』的『頭』啊！」

大師一聽就變了臉色。他怒斥道：「這裡輪得到你說話了嗎？」

這個徒弟顯然是有才能的，但卻不懂心高不可氣傲這個道理。他這次惹惱了師父，還能不能繼續接受師父的指導，就很難說了。

一個博士生論文答辯之後，指導教授對他很客氣地說：「說實話，你研究了這麼多年，你才是真正的專家，我們不但是在考你，也是在向你請教。」

博士則再三鞠躬說：

「是老師指導我方向，給我找機會。沒有老師的教導，我又怎麼會有表現。」

本來，贏得指導教授的肯定和讚美是一件多麼值得驕傲的事啊，但博士生沒有因此得意洋洋，而是謙遜地感謝導師，無疑這種得體的表現會贏得眾教授的好感，對他只會有好處，而不會有害處。

在古代，皇帝御駕親征的時候，即使正與敵人對陣的將軍，可以一舉把敵人擊潰，但是只要聽說御駕要親征，就常常按兵不動，一定等著皇帝來，再打著皇帝的旗子，把敵人征服。

問題是這時候按兵不動，不能一鼓作氣，把敵人打下來，可能會姑息養奸，讓敵人緩口氣，因而造成很大的損失，此外，御駕親征，勞師動眾，要浪費多少錢財？何不免掉皇帝的麻煩，不是更好嗎？

但再想一想，皇帝御駕親征是為什麼？他不是「親征」，是親自來「拿功」！

所以，就算皇帝只是袖手旁觀，由臣子打敗敵人，臣子也得高喊「吾皇萬歲萬萬歲！」而且要異口同聲地大喊都是皇上的天威，震懾了頑敵。

要知道，懂得勝不驕、有功不傲的人，才是真正懂生活、會做事的人，他們不激怒在上位的人，也不欺壓在下位的人，只是安穩地做分內的事情，但也因此而成為強者，成為前途平坦、笑到最後的人。

你有沒有想過

每個人都喜歡別人讚美和肯定自己，但卻不是每個人都懂得發自內心去感謝讚美和肯定自己的人。要知道，只有你懂得去感謝讚美自己的人，才能讓別人對自己的「讚美」，變得更貨真價實！

找到自己小確幸

本來，贏得眾人的肯定和讚美是一件多麼值得驕傲的事啊，但如果你沒有因此得意洋洋，而是謙遜地感謝眾人對你的教導，就會因此贏得眾人的好感，對你只會有好處，而不會有害處。

懂得退一步的人，不會跟人斤斤計較

俗話說，退一步海闊天空。能夠退得起的人，才能做到不計個人得失；一個心胸狹窄的人，凡事都跟人斤斤計較，如此必然招致他人的不滿。

如果不能抱持更寬闊的心境，怎麼能夠做到超凡脫俗呢？就如同在灰塵中抖衣服，在泥水中洗腳一樣，心一直處於惡意之中，不論怎麼做也無法變得潔淨。所以，為人處世如果不進一步替他人著想，怎麼會有安樂的生活？

卓茂是西漢時宛縣人，祖父和父親都當過郡守一級的地方官，自幼就生活在書香門第的他終於成為一位儒雅的學者。而他在所有的師友學弟中，性情仁厚是出了名的。

他對師長，禮讓恭謙；對同鄉同窗好友，不論其品行能力如何，都能和睦相處，敬待如賓。卓茂的學識和人品備受稱讚，丞相府得知後，特來徵召，讓他侍奉身居高位的孔光，可見其影響之大。

有次卓茂趕馬出門，迎面走來一人，那人指著卓茂的馬說，這就是他丟失的馬。

卓茂問道：「你的馬是何時丟失的？」

那人答道：「有一個多月了。」

卓茂心想，這馬跟著我已好幾年了，那人一定搞錯。儘管如此，卓茂還是笑著解開韁繩把馬給了那人，自己拉著車走了。走了幾步，又回頭對那人說：

「如果這不是你的馬，希望到丞相府把馬還給我。」

過了幾天，那人從別的地方找到了他丟失的馬，便到丞相府，把卓茂的馬還給他，並叩頭道歉。

一個人要做到像卓茂那樣，的確是不容易的。這種胸懷，不是一時一事方能造就的，它是在長期的薰陶、磨練中逐漸形成的。

俗話說，退一步海闊天空。能夠退得起的人，才能做到不計個人得失，才能站在更高的境界，才能與人和睦相處。

生活中，一個心胸狹窄的人，凡事都跟人斤斤計較，如此必然招致他人的不滿。人在世時，寬以待人，善以待人，多做好事，遺愛人間，必為後人懷念，這就是所謂「人死留名，豹死留皮」，愛心永在，善舉永存。

你有沒有想過

一個不懂得放開心胸，凡事喜歡跟人斤斤計較，都是把個人得失看得很重的人，因此，像這類型的人，是永遠無法體會「退一步海闊天空」這句話的涵義，更別說要他們相信「吃虧就是佔便宜」這種鬼話了，但是，一個不懂得放開心胸的人，其實也活得很辛苦，因為，他們在做任何事之前，都必須去算計自己準備做的事情，到底是「得」大於「失」？還是「失」大於「得」？

找到自己小確幸

如果不能抱持更寬闊的心境，怎麼能夠做到超凡脫俗呢？就如同在灰塵中抖衣服，在泥水中洗腳一樣，心一直處於惡意之中，不論怎麼做也無法變得潔淨。

什麼事都不做，反而能夠解決問題

人先天具有的覺悟本性，本來就是潔淨無瑕、沒有蒙受世俗間的塵埃污染。只要依據這種潔淨的本心，就能不經過任何修行階段而直接成為佛。

《壇經》上認為，人們先天就具有一種覺悟本性，而這種覺悟本性本來就是潔淨無瑕、沒有蒙受世俗間的塵埃污染；又言「但用此心，直了成佛」。

其實，人們的一切行為，都來源於這種本性，一旦依照這種本性處事，得到的結果往往就是成功。許多事情因為人們刻意地介入而變糟，強調的人治，恰恰與事物的本質相抵觸，違背了事物本身的發展客觀規律。

東漢時期，新蔡縣是一個很窮的地方，每年的朝貢根本交不上來，因此朝廷撤掉了許多縣令。

吳祐剛到新蔡縣任縣令時，有人曾給他出了很多治理百姓的點子，吳祐卻無一採納，他說：

「不是措施不夠，而是措施太多了。每一任縣令都想有所作為，隨意修改蔡縣的制度、法令，將自己的想法強加到百姓身上，百姓都被弄得無所適從了。」

因此，吳祐上任之後，不但沒有提出新的主張，而且還廢除了許多不合理的規章，他不干涉百姓的生活，又嚴命下屬不許騷擾百姓。而自己在閒暇之際，整日在縣衙中看書寫字，十分輕閒。

有人將吳祐的作為向知府報告，說他不務公事，偷懶放縱。知府於是當面責怪他：「聽說你無所事事，日子過得分外自在，難道這是你應該做的嗎？」

吳祐回答說：「新蔡縣貧窮困頓，只因從前的縣令約束太多，才造成今天的這種局面。這樣做是要他們積極，也讓百姓休養生息，進而達到求治的目的。不出一年，你就可以看到效果了。」

一年之後，新蔡縣果然面貌一新，糧食有了大幅增長，社會治安也明顯好轉。知府到新蔡縣巡視時，對吳祐說：

「古人說無為而治，今日我是親眼見到了。」

所謂的治理，並不在治而在於理，如何將人們固有的那種本性理順、理通，進而達到一種自然形成的狀態，自然而然就會不治而治了。

你有沒有想過

有時候，什麼事都不做，比什麼事都做，還能夠解決問題，因為，有些問題，本來沒有那麼困難，而是因為你把它複雜化，導致原本的問題還沒解決，又衍生出其他新的問題。

找到自己小確幸

人們先天就具有一種覺悟本性，而這種覺悟本性本來就是潔淨無瑕、沒有蒙受世俗間的塵埃污染的；其實，人們的一切行為都來源於這種本性，一旦依照這種本性處事，得到的結果往往就是成功。

生命自己會找到它的出口

出水芙蓉之所以被人們廣為傳頌，還是由於它「天然去雕飾」的美麗，因為它的美麗是天然的、不帶任何渲染。

在萬物面前，人們應該保持尊重、虔誠的態度，不要硬是打上個人的烙印。這樣會更有利於事物的發展，減少人生的磨難。

有一個縣太爺，為了教化民心，計劃重新修建縣城當中兩座比鄰的寺廟。重新修建縣寺廟的公示一經張貼，前來競標的隊伍十分踴躍。

經過層層的篩選，最後兩組人馬中選：一組為工匠，另外一組則為和尚。

縣太爺說：「各自整修一座寺廟，所需的器材工具，官家全數供應。工程必須在最短的時日完成，整修成績會列入評比，最後得勝者將給以重賞。」

此時的工匠團隊，迫不及待地請領了大批的工具，以及五顏六色的油漆彩筆，經過全體員工不眠不休的整修與粉刷之後，整座廟宇，頓時恢復了雕龍畫棟、金碧輝煌的面貌。

另外一組，和尚們請領了水桶、抹布與肥皂，他們只不過是把原有的廟宇玻璃，擦拭明亮而已。

工程結束時，已到了日落時分，正是評比揭曉的關鍵時刻。這時，天空中所照射下來的落日餘暉，恰好把工匠寺廟上的五顏六色，輝映在和尚的廟上。

霎時，和尚所整修的廟宇，呈現出柔和而不刺眼、寧靜而不嘈雜、含蓄而不外顯、自然而不做作的高貴氣質，與工匠所整修的的廟宇，眼花繚亂的顏色，呈現出非常強烈的對比。

事實上，寺廟的功能，乃為一個心靈的故鄉，是一個淨化心靈的場所，太過於華麗鋪陳，反而失去其真正的功能。依照廟宇本身的樣子，建造出來的廟宇才能稱之為廟宇，倘若用華麗的磚瓦來建造廟宇，那就變成了皇宮而非廟宇了，然而，人生處事也本該如此。

出水芙蓉之所以被人們廣為傳頌，還是由於它「天然去雕飾」的美麗，因為它的美麗是天然的、不帶任何渲染。

有人說：「生命自己會找到它的出口。」因此，倘若我們處事時能夠遵守事物本身的發展規律，事情必然能夠圓滿成功。

你有沒有想過

有時候，當我們遇到難以解決的事情，讓這件事情順其自然的發展，或許也是另外一種解決問題的方法，因為，我們一旦讓這件一開始不知道要如何解決的事情，順其自然的發展下去，也許在順其發展的過程中，這件事情自然就會露出解決之道的曙光。

找到自己小確幸

在萬物面前，人們應該保持尊重、虔誠的態度，不要硬是打上個人的烙印，這樣會更有利於事物的發展，減少人生的磨難。

什麼事都不做，也是一種做事的方法

為無為，事無事，味無味，知無知，大小多少，報怨以德。

「以無為來作為，以無事來做事，以無味來品味。不必去斤斤計較那些大大小小、紛紛擾擾的煩事，用德行來回應怨恨。」這是老子提倡的返樸歸真。

返樸歸真不是有意逃避，也不是當做不做，而是用不做作、不執著的態度去做。另外，無欲則剛，所以無為而無不為；而「無為」其實是身心自在的另一種說法。

西方有言道：「欲望使人盲目。」

「所欲」不見得都能如願，而欲望是永不休止，因此，以不能總是如願的結果，去滿足永不休止的欲望，最後只能得到撕心裂肺的痛苦。

魯迅說：「絕望之為虛妄，恰如希望一樣。」

沒有開始希望，絕望也就無所謂了。將自己抽身事外，不去爭搶，不為功名利祿所動，把「有所作為」當做「無所作為」，把「有事」當做「沒事」，把「大事」當做「小事」，以善意對待仇怨，麻煩和絕望就不會找上門來。

無欲無求，天下就沒人能爭得過你。只要身心清淨安樂，就能享受人生真正的快樂。但在現實生活中，卻很少有人能做到這點。人們要嘛嫉妒別人，看不得別人比自己強；要嘛心生怨恨，很在意別人的說法、看法，一旦這些說法、看法和自己不一樣，就生氣、發火；另外還有一些人，一天到晚為錢為財，蠅營狗苟，貪得無厭，無法讓自己達到無欲無求的境地。

嫉妒心愈強，說明這個人心理愈脆弱，所以不能確定自己的位置和目標，總是把自己和別人相比，不能從生活和工作中，發現自己真正的價值。

因此，常常讓自己處在壓抑、焦慮不安、怨恨煩惱、患得患失的心境中，得不到片刻祥和、寧靜，所以我們應該轉貪欲、欺騙為誠信、佈施，如此一來，才能夠讓自己和他人皆獲利。

你有沒有想過

雖說，什麼事都不做，也是一種做事的方法，但是，「什麼事都不做」並不是就可以一天到晚「醉生夢死」，而是，必須利用「什麼事都不做」的這段時間，好好地去思考這件該做的事情，最簡單、最順其自然的解決方法。

找到自己小確幸

返樸歸真不是有意逃避，也不是當做不做，而是不做作、不執著的態度去做。另外，無欲則剛，所以無為而無不為；而「無為」其實是身心自在的另一種說法。

懂得思考的人，才能感覺自己的存在

做一個有思想的人，才能獲得人格意義上的獨立，才不會只能依附於別人的身邊，也才能做一個真真切切的自我。

如果我們經常去想一些低劣的事情，注視醜惡的事物，或隱溺在惡劣大環境中，不知不覺間，我們也會受到它們的感染。

俗話說得好：「近朱者赤，近墨者黑。」有些人一開始是基於好奇的心理，接近罪惡，然而，一旦與之接觸，就往往在不知不覺中，受到罪惡的誘惑，因而掉入罪惡的深淵，不能自拔。

釋迦於修行之際，也曾遭遇過這一類懈怠心志的誘惑，並且嘗到努力從陷溺當中，自拔的艱辛滋味，所以他才會一再告誡弟子們：「近善遠惡」。

其實，朋友交往也是如此，一味地接近惡友，與惡友交往，自己也會受到惡的感染和影響。

也許有些人會天真地說，可以用自己的力量去感化惡友，但是，除非你有足夠的定力，否則不要做這種幻想。相反的，多多接近善的人或事物，不知不覺中，也會受其感化而變善。

人的思想愈開闊，視野愈寬廣，成功的可能性就愈高。會思考，懂得選擇才是身為人最珍貴的地方，除了環境之外，我們一輩子也會遇到很多問題，如果真能想通一兩個，就會給生活帶來莫大的影響，讓生命的境界往更高處前進。

「我思，故我在。」是笛卡兒最有名的一句話。思想是人本身最重要的東西，一個沒有思想的人，如同行屍走肉一般，失去了生存的意義，

笛卡兒在抽象層次上，說出了思想才是人類存在的依據。做一個有思想的人，才能獲得人格意義上的獨立，才不會依附於別人的身邊，受到他人意見的影響。

或許，對於我們普通人來講，哲學和歷史對自己的生活，已經起不了太大的作用，但是也不能放棄學習和思考。

抱著學習的精神和思考的態度，對什麼東西都看一下，瞭解一下，把握思想的自主

性，肯定能為人生帶來極大的幫助。

你有沒有想過

我們到底有多久沒有好好靜下心來思考，自己在這輩子到底要完成什麼目標，才不會在嚥下最後一口氣之後，抱著遺憾離開人間呢？因此，為了不讓自己在往生的時候，帶著遺憾離開，不妨就從現在開始，每人抽空找個五分鐘，好好地跟內心的自己開會討論一下這輩子至少要完成什麼目標？

找到自己小確幸

會思考，懂得選擇才是身為人最珍貴的地方，除了環境之外，我們一輩子也會遇到很多問題，如果真能想通一兩個，就會給生活帶來莫大的影響，讓生命的境界往更高處前進。

該怎麼做人？是每個人必修的人生學分

一個只顧爭奪的人，到百年之後，什麼也無法帶走，因此，我們應該多做一些在人心和社會上，可以長久留存的善舉。

一個人，待人處事的心胸要寬厚，讓身邊的人，不會有不平的牢騷；而死後留給子孫與世人的恩澤要長遠，如此才會使子孫不斷思念。

東漢時，班超一行人銜漢章帝之命出使西域，說服西域各國與漢朝和好，但龜茲恃強不從。班超便轉到烏孫國與烏孫結為盟邦。烏孫國王派使者到長安訪問，受到漢朝友好的接待。漢章帝在烏孫國使者準備返回烏孫時，甚至還派衛侯李邑攜帶不少禮品同行護送。

李邑等人經天山南麓來到於闐，傳來龜茲攻打疏勒的消息。李邑害怕，不敢前進，為轉移焦點，上書朝廷，中傷班超只顧在外享福，擁妻抱子，不思中原。

漢章帝相信班超的忠誠，下詔責備李邑說：「即使班超擁妻抱子，不思中原，難道跟隨他的一千多人都不想回家嗎？」章帝在詔書的最後，還命令李邑與班超會合，要他受到班超的管制。李邑接到詔書，無可奈何地去疏勒見班超。

班超見到李邑到來，不但不計前嫌，而且還殷勤地接待他。

接著班超另外派人接替李邑護送烏孫使者回國的任務，並且要烏孫使者回國後，勸諫烏孫王派王子去洛陽朝見漢章帝。

烏孫王接受班超的建議，指派王子啟程前去洛陽，班超打算派李邑陪同前往，但班超的部屬卻對他說：「過去李邑毀謗將軍，破壞將軍的名譽，這時正可以奉詔把他留下，您怎麼反倒放他回去呢？」

班超說：「正因為他曾經說過我的壞話，所以我才會讓他陪同烏孫國王子前往洛陽，否則，就顯得我的氣量太小了⋯⋯如果只為了自己一時痛快，公報私仇，把他扣留，那就不是忠臣的行為。」

李邑知道後，對班超十分感激，從此再也不誹謗他人。

人生在世究竟該怎樣做人？其實是每個人必修的一門人生學分。

「爭一世而不爭一時」，還是「爭一時也要爭千秋」？是只顧個人私利不管他人「瓦上霜」，還是為人類做些有益的事？其實是從古至今，人們爭論的一個話題。

然而，一個只顧爭奪的人，到百年之後，什麼也無法帶走，因此，我們應該多做一些在人心和社會上，可以長久留存的善舉。

總之，只有為別人多想，心底無私，眼界才會廣闊，胸懷才能寬厚。

你有沒有想過

如果你明知有人在你的背後毀謗你，破壞你的名譽，你是否可以像前述故事中的班超一樣，非但不計前嫌，而且還刻意製造讓那個毀謗你的人，可以有所表現的機會？其實答案多半是否定的，原因是身為平凡人的我們，大多還無法具備「以德報怨」的修養與胸襟。

找到自己小確幸

有些涉及個人利益的小事，沒有必要分得太清楚，不妨裝一下糊塗，做一點小犧牲，幹一點分外事。

生命的長度，不是用時間來計算

生命只是一呼一吸。應該把握生命的每一分鐘，每一時刻，勤奮不息！只有這樣認識生命，才是真正體證了生命的精髓。

人活百年都無法參透兩個字——「生」與「死」。

然而，在相同情況下，有的人為了活個明白，為了自己的理想努力奮鬥、而忙了一輩子；有的人卻一生稀裡糊塗、不知自己在忙什麼、為什麼而忙！也因為如此，這兩種人有著不同的命運與結果。

的確，人生是短暫的。倘若不能正視人生，人生就會如流水般——無聲的流逝，卻什麼也沒有留下。所以我們一定要明白這短暫的一生是怎樣度過的，怎樣過才是有意義的。

一天，一位大師問他的學生們：「同學們！你們每天忙忙碌碌地學習，究竟是為了什麼？」

有的學生說：「為了讓我們的生命活的更好！」

大師環視同學們後，又問道：「那麼，你們說說肉體的生命究竟有多長久？」

「我們的生命平均起來不過幾十年的光陰。」一個學生充滿自信地回答。

另一個學生見狀說道：「人類的生命就像花草，春天萌芽發枝，燦爛似錦；冬天枯萎凋零，化為塵土。」

又一個學生說：「其實，我們的生命跟朝露沒有兩樣，看起來不乏美麗，可只要陽光一照射，一眨眼的功夫它就乾涸消逝了。」

就這樣你一言我一語，學生們更加熱烈地討論起生命的長度。

這時，只見一個學生站起身，語驚四座地說：「依我看來，人的生命只在一呼一吸之間。」

語音一出，四座愕然，大家都凝神地看著大師。大師讚嘆說：

「說得好！人生的長度，就是一呼一吸。只有這樣認識生命，才是真正體證了生命的精髓。同學們，你們切不要懈怠放逸，以為生命很長，像露水有一瞬，像浮游有一晝夜，像花草有一季，像凡人有幾十年。生命只是一呼一吸！應該把握生命的每一分鐘，每一時刻，勤奮不息！」

人們往往在生與死的抉擇中，才能體會到生命的意義，才會明白活著的價值。其實，在一呼一吸之間，也蘊藏著人生無窮盡的道理。

你有沒有想過

很多人都會感嘆，生命短短幾十年，因此，我們一定要把握有限的生命。但是，我們都忽略掉，生命的長度，其實不是用時間來計算的，而是用它是否過的有意義來計算，也就是只要我們活出自己想要的人生，那麼即便生命只有短暫三十年，照樣也可以讓它活出無限的永恆價值。

找到自己小確幸

人生是短暫的。倘若不能正視人生，人生就會如流水般——無聲的流逝，卻什麼也沒有留下。所以我們一定要明白這短暫的一生是怎樣度過的，怎樣過才是有意義的。

第八輯：人生苦短，只要活得快樂就好

俗話說：「知足常樂。」過於追求榮祿得失，貪圖名利富貴，就會永無滿足的時候，心裡也就永遠不能平靜，徒增煩惱。

面對人生的態度，決定我們生命的長度

有位哲人說：「人的一生應當這樣度過：當他回首往事時，不因虛度年華而悔恨，也不因碌碌無為而羞恥。」

不要將自己的生命浪費在那些沒有絲毫義的事情上，要抓住每分每秒可以利用的時間充實自己。

有許多人的生命雖然短暫，他們活得卻很精彩；有些人雖然能夠活到百歲，但卻糊裡糊塗、空活百年；有的人總是因為害怕死亡，而嫌時間過得太快，事實上他們每天都在浪費時間；有的人卻忙碌得來不及考慮這些無謂的問題，因為，他們每一分每一秒的時間都被充分利用上了，根本「來不及老」。

這種「來不及老」的人，雖然無法達到參透生死的境界，然而，他們離這種境界卻並

不遙遠。

有一個學者到美國工作三十年之後，終於歸來，他去看望自己的恩師，並向他的恩師問道：「老師，這三十年來，您一個人還好？」

老師道：「我很好，每天講學、著作，世上沒有比這種更欣悅的生活了，我每天忙得很快樂。」

「老師，分別這三十年來，您每天的生活仍然這麼忙碌，怎麼都不覺得您老了呢？」

老師道：「我沒有時間覺得老呀！」

沒有時間老；這句話後來一直在學者的耳邊迴盪著，激勵他面對所有的困難。

事實上，老師並非沒有老，畢竟三十年的時間，對於誰來說都不算短，但為何他卻沒有覺得自己老呢？

主要還是他面對人生的態度，因為他將自己每天的工作安排得很充實，讓原本一天中的無數個中斷點，緊密地聯繫在一起，才「來不及老」。

所以，無論我們現在是背著書包上學堂的孩子，還是上有老，下有小的中年人，抑或是白髮斑斑的老人，都要珍惜剩餘的人生，朝著我們擬定的目標實實在在的做點努力，便不會留下那麼多的遺憾與悔恨了。

有位哲人說：「人的一生應當這樣度過：當他回首往事時不因虛度年華而悔恨，也不因碌碌無為而羞恥。」我們只要能將這句話領悟於心、度過人生，在離開這個世界的時候，才能無怨無悔、坦然面對。

你有沒有想過

我們的一生應當這樣度過？有些人將生命浪費在不該浪費的事情上面，但有些人卻把有限的生命用來做一些讓生命無限的事情，因此，有些人即便活到八十歲，還是嫌人生太過短暫，但有些人只活到四十歲，卻認為已經足夠；要知道面對人生的態度，決定我們生命的長度。

找到自己小確幸

有許多人的生命雖然短暫，他們活得卻很精彩；有些人雖然能夠活到百歲，但卻糊裡糊塗、空活百年；不要將自己的生命浪費在那些沒有絲毫意義的事情上，要抓住每分每秒可以利用的時間來，充實自己。

忍耐，是一種讓自己沉著住氣的手段

忍一時風平浪靜，退一步海闊天空。忍耐不是目的，是一種策略，但並不是每個人都能做到忍耐。

人生不可能總是風調雨順，當遇到不如意、不痛快，甚至是災難時，忍耐力往往就能發揮出奇制勝的作用。

很多時候，因為小地方忍不住，因而害了大事，這就得不償失。

三國時，諸葛亮輔佐劉備在祁山攻打司馬懿，但司馬懿就是不出來應戰。諸葛亮用盡一切手段，極盡所能地侮辱司馬懿，但司馬懿對諸葛亮的侮辱總是置之不理。

諸葛亮六次出兵祁山，每次都是無功而返。司馬懿之所以不戰而勝，就是因為一個「忍」。

與別人發生誤會時的忍耐，那只是一時的容忍，比較容易做到，難得的是在漫長時間裡，忍受著各種各樣的折磨，而只為完成心中的理想。這種忍耐力是難能可貴的，但也是做人最應該擁有的一種能力。

忍一時風平浪靜，退一步海闊天空。忍耐不是目的，是一種策略，但並不是每個人都能做到忍耐。

忍字頭上一把刀。這把刀，讓人痛，也會讓人痛定思痛；這把刀，可以削平銳氣，也可以雕琢出勇氣。

只要我們仍然身處在種種算計和爭鬥裡，有些紛擾就永遠不會結束。其實，妥協不是簡單地讓步，而是在知己知彼的基礎上達成了一種共識。不管是生活，還是工作，妥協都不僅僅是為了「家和萬事興」、「安定團結」，還隱藏著一種堅持，這種堅持，實際上就是一種堅定的決心。

人，貴在能屈能伸。伸，很容易，但屈就很難了，這需要有非凡的忍耐力才行。只要這個人真正有智慧，有才幹，不管他忍耐多久，終究會有出頭之日，而他的忍耐力，反而會更加富有魅力和內涵。

人生很多時候，都需要忍耐，因為人生總有低谷，有巔峰。只有在低谷中還能坦然處之的人，才是真正有智慧的人。

走過低谷，前面就是海闊天空。回過頭來，那些在低谷裡忍耐的日子、在苦難中掙扎的日子，以及在寂寞裡執著的日子，都會顯得彌足珍貴。

你有沒有想過

有些人很喜歡「忍」這個字，甚至喜歡到去買有「忍」字的鑰匙圈、有「忍」字的掛軸、有「忍」字的衣服……然而，令人諷刺的是，這些喜歡讓自己生活中充斥「忍」字的人，卻往往是那些沉不住氣，無法體會「忍一時風平浪靜」的人。

找到自己小確幸

忍字頭上一把刀。這把刀，讓人痛，也會讓人痛定思痛；這把刀，可以削平銳氣，也可以雕琢出勇氣。

做人不要做絕，說話不要說盡

世事的變化並非無章可循，而是窮極則返，循環往復。人生變故，猶如環流，事盛則衰，物極必反。生活既然如此，做人處世就應處處講究恰當的分寸。

禪師下山弘揚佛法，在一家店鋪裡看到一尊釋迦牟尼像，青銅所鑄，形體逼真，神態安然，若能帶回寺裡，開啟其佛光，濟世供奉，真乃一件幸事，可是店鋪老闆要價五千元，分文不能少，加上見禪師如此鍾愛它，更加咬定原價不放。

禪師回到寺裡對眾僧談起此事，眾僧很著急，問禪師打算以多少錢買下它。禪師說：「五百元。」

眾僧唏噓不止：「那怎麼可能？」

禪師笑著回說：「只管按我的吩咐去做就行了。」

第一個弟子下山去店鋪裡和老闆砍價，弟子咬定四千五百元，沒有結果回山。

第二天，第二個弟子下山去和老闆砍價，咬定四千元不放，一樣無功而返。

就這樣，直到最後一個弟子在第九天下山時，所砍的價已經低到了二百元。眼見著一個個買主一個開價比一個低，老闆非常著急，每一天他都後悔，心想早知道就用前一天的價格賣掉……到第十天，他在心裡說，今天若再有客人來，無論開多少價錢，他都要立刻賣給他。

第十天，禪師親自下山，說要出五百元買下它，老闆高興得不得了，竟然反彈到了五百元！於是，立即答應賣給禪師，而且在高興之餘，另贈佛龕一具。

禪師得到了那尊銅像，謝絕了佛龕，他單掌作揖笑曰：「欲望無邊，凡事有度，一切適可而止啊！善哉，善哉……」

適可而止，見好便收，是歷代智者的忠告，更是一門處世的藝術。

世事如浮雲，瞬息萬變。不過，世事的變化並非無章可循，而是窮極則返，循環往復。人生變故，猶如環流，事盛則衰，物極必反。生活既然如此，做人處世就應處處講究恰當的分寸。

過猶不及，不及是大錯，太過是大惡，恰到好處的是不偏不倚的中和。基於這種認識，古人在這方面表現出高超的處世藝術，並常說：「做人不要做絕，說話不要說盡。」譬如廉頗做人太絕，不得不肉袒負荊，登門向藺相如謝罪。

故俗言道：「凡事留一線，日後好見面。」凡事都能留有餘地，方可避免走向極端。特別在權衡進退得失的時候，務必注意適可而止，儘量做到見好便收。

你有沒有想過

我們經常會輕易放掉好不容易來到眼前的機會，因為，我們往往會有「明天一定會比今天好」、「下一個機會一定會比今天棒」的想法，但是，事實證明，下一個機會不一定會比現在遇到的這個機會更棒、明天也不一定會比今天更好，因此，我們何不好好地把握當下的每一個機會呢？

找到自己小確幸

「凡事留一線，日後好見面。」凡事都能留有餘地，方可避免走向極端。特別在權衡進退得失的時候，務必注意適可而止，儘量做到見好便收。

貧窮並不可怕，可怕的是懈惰

貧窮不可怕，可怕的是懶惰，所以，我們要想改變命運、改變貧窮，必須捨棄懶惰，要能勤勞精進。

懈怠的人，就像用來舂東西的杵，一是不能自己支使自己，使用一天就損壞一天。二是不能自立，丟到地上就躺在地上，天長日久漸漸不能使用。

中國的儒家最痛恨懶惰，儒者常說「天道酬勤」。他們所謂的「勤」，不僅指勤於持家，還包括勤於治學，勤於修身、處事、立業等。孔子教導學生要「敏於事」，世上之事都要勤勉地去做，這就是「敏於事」。

痛恨懶惰，中西完全一致。《聖經》上說：勤勉的人常在君王左右。

捷克教育家誇美紐斯極端鄙視懶惰，他稱懶惰為「撒旦的蒲團」，認為當一個人飽食終日，無所事事時，就會想入非非，進而做出不道德之事。因此，智者的任務就在於不讓任何人懶惰。

一個人體力上有懶惰，腦力上又何嘗沒有懶惰。體力上的懶惰每每衍為不道德，腦力上的懶惰又何嘗不是如此。

有一個寓言說：有一家人都很懶惰，每日的家事爸爸不做就叫媽媽做，媽媽也懶惰不做，就叫兒子做，兒子也不肯做，就叫小狗做。小狗沒有辦法，只好用尾巴掃地，用身體抹桌椅，甚至用嘴銜水管來澆花草。

有一天，來了一個客人，見到小狗在做家事，很訝異：「喔！小狗這麼能幹，還會做家事呀！」

小狗說：「沒有辦法，他們都不做，只有叫我做！」客人一聽，大吃一驚：「小狗也會說話！」

小狗趕快對客人示意：「噓！不要讓他們知道我會說話，否則，他們還會要我接電話呢！」

世間上，懶惰與貧窮是孿生兄弟。因為懶惰，所以貧窮；因為貧窮，因此容易懶惰，這是互為因果。

貧窮並不可怕，可怕的是懶惰，所以，我們想要改變命運、改變貧窮，必須捨棄懶惰，要能勤勞精進。

因為，一個人一旦沾上懶惰，富可變窮，窮或成惡，至無所不為。因此，當我們面對懶惰這個習慣，不可不深戒自儆也。

你有沒有想過

雖說在這個努力不一定有收穫的年代，勤勞工作的人，不一定能夠成功，但是，可以確定的是，懶惰做事的人，注定要失敗，因此，千萬不要讓自己染上懶惰的壞習慣，因為你一旦染上懶惰的壞習慣，即便你自身有多少才華和本事，也都會和你的「懶惰」相互抵消掉。

找到自己小確幸

世間上，懶惰與貧窮是孿生兄弟。因為懶惰，所以貧窮；因為貧窮，因此容易懶惰，這是互為因果。一個人一旦沾上懶惰，富可變窮，窮或成惡，至無所不為。

懶惰真的是一種享受嗎？

惰性是人的一種天性，不過惰性的表現，往往只不過是你自己的一個念頭，只要能夠把這個念頭打消了，那麼懶惰也就會從你的身上逃走了。

西諺有云：「黃金隨潮水流來，也要你早起去撈起它。」中國人一向相信財神爺可以送財富，但是財神送財來，也要你起身去接受。如果你懶惰避開他，也不能發財。甚至圍在頸項上的大餅，你吃完了前面的部分，如果連轉動一下都懶得去動，那麼餓死也是活該。

所謂「春天不下種，何望秋來收？」不播種，如何有收成；不勞動，如何有成就？一個懶惰懈怠的人，即使才華過人，永遠也用不到自己的長處；如此辜負「天生我才」，豈不可惜可悲嗎？

小趙有位名叫『成功』的老朋友，被一個名叫『懶惰』的賊悄悄地謀殺了。於是，小趙決定去找『懶惰』，然後把他幹掉，免得他再害人。

小趙走進小旅店，向旅店老闆打聽「懶惰」的下落。那個老闆說：「沿著這條路走五公里，有一個村莊。最近，那裡流行一種瘟疫，男女老少都吃了睡，睡了吃，根本無心做事。我敢肯定，你要找到的『懶惰』一定在哪裡。」

小趙朝那個村莊出發後，碰上一個相貌醜陋的老太太。於是，他就問老太太說，「快告訴我，到哪裡才能找到那個叫『懶惰』的傢伙？」

老太太說：「如果你真的想找到『懶惰』的話，只要跑到那山頂上，看到一座紅房子，你就能找到它。」

小趙跑上山走進那座紅房子裡，並沒有發現「懶惰」，卻發現那座紅房子，簡直就是天堂。房子裡面有精美的食物，有無數好玩的器具，有舒適的床鋪，有漂亮的衣服…在這裡什麼都不用做，只有享不盡的榮華富貴。

從此以後，小趙什麼也不做，只是吃喝玩樂，盡情享受，把尋找「懶惰」的事忘得一乾二淨。漸漸地，他的身體變胖了，精神變得頹廢了，但他不願放棄這種舒適的生活。

有一天，小趙突然看到「死亡」正微笑著走來。他驚慌地想離開，而「懶惰」卻緊緊地壓迫著他，不讓他有絲毫動彈的機會。

看了這則寓言，你還認為懶惰是一種享受嗎？

惰性是人的一種天性，不過惰性的表現，往往只不過是你自己的一個念頭，只要能夠把這個念頭打消了，那麼懶惰也就會從你的身上逃走了。

你有沒有想過

懶惰在短時間，可能是一種享受，但在長時間之後，可能就會變成一種自討苦受，例如你偶爾偷個小懶，躺在床上睡個懶覺，可能是人生的一種享受，但是如果叫你跟病人一樣，每天躺在床上廿四小時，那非但不是享受，反而是自討罪受了。

找到自己小確幸

西諺有云：「黃金隨潮水流來，也要你早起去撈起它。」中國人一向相信財神爺可以送財富，但是財神送財來，也要你起身去接受，如果你懶惰避開他，也不能發財。

在人生每個過程，不做想做卻不該做的事

生命的成長雖然是個連續不斷的過程，但它呈現一個階段性，每個階段都有其特殊的發展任務和危機。只有透過學習，才能順利度過危機，找到生命的意義。

「君子有三種戒忌：少年的時候，血氣尚未穩定，要戒女色；到了壯年，血氣旺盛剛烈，要戒爭鬥；到了老年，血氣已經衰弱，要戒貪得無厭。」

這是我們大家都熟悉的孔子說的一段話，他將人生分為三個階段，對人的慎戒提出了訊告。

「欲」是與生俱來的東西，因為有「欲」，生命才得以發展與完善，從這方面來說，「欲」之於人生有著十分重要積極的作用，卻也要謹慎處之。

少年階段，身心各方面的發育都沒有穩定，具有很大的可塑性，主要在戒「色」。孔

子說的「色」指女色，男女的性關係和性行為。

為什麼少年階段要戒色?因為少年階段主要精力和時間應該放在學習上。如果過早的沉迷於女色，必定會對學習學業帶來不良的影響，也不利於身體的健康。

到了三十歲以上的壯年，身體各方面都發育成熟，此時精力旺盛，生命機能處於最佳狀態，好使氣、逞能、稱雄，有的人往往因為一句話沒有說好，就大打出手。結果盛氣過後，是傷害，是後悔，是不可挽回的損失。

還有的人在事業上，運用不正當的手段與對手競爭，並處處打擊他人。結果不但自己沒有站起來，也沒有將對手打倒。

古往今來，這類教訓實在太多。因此壯年時期，關鍵在於是否善於忍耐，不衝動，不感情用事。

到了老年，身體各方面的機能逐漸衰老、退化，為了健康起見，戒之在「得」。為什麼戒之在「得」?是因為人到了老年，應該是該經歷的，都經歷了，該得到的，都得到了。

由此可見，老年人「戒得」的修養，實在是太重要了，豈止是為名為利而已。

我們都知道，生命的成長，雖然是個連續不斷的過程，但它呈現一個階段性，每個階段都有其特殊的發展任務和危機。

只有透過學習，才能順利度過危機，找到生命的意義。

你有沒有想過

其實，不論是少年戒之在色、中年戒之在鬥，或是老年戒之在得，都是在提醒我們在人生各個階段，不做想做卻不該做的事，並且從忍住不做這些不該做的事情當中，找到自己生命的最終意義。

找到自己小確幸

人生有三種戒忌：少年的時候，血氣尚未穩定，要戒女色；到了壯年，血氣旺盛剛烈，要戒爭鬥；到了老年，血氣已經衰弱，要戒貪得無厭。

人生苦短，活得快樂就好

俗話說：「知足常樂。」過於追求榮祿得失，貪圖名利富貴，就會永無滿足的時候，心裡也就永遠不能平靜，徒增煩惱。

人要無欲無求，幾乎是不可能的，但怎樣才能在混亂的生活中，保持一種良好的心境，的確很難找到答案。

中醫教導人們的做法是「恬淡虛無」。「恬淡」是指內心安靜；「虛無」是指心無雜念。

要做到「恬淡虛無」並不容易。一個人如果沒有一定的素養，沒有良好的心理素質和正確的人生態度，心境難免會被眼前的事物所迷惑。只有心無雜念，拋開一切超越現實的想法，少欲不貪，方能「皆有所願」。

俗話說：知足常樂。過於追求榮祿得失，貪圖名利富貴，就會永無滿足的時候，心裡也就永遠不能平靜，徒增煩惱。

隨著年齡的增長，閱歷的增多，人們的思想也會變得愈來愈複雜。尤其是現代經濟的發展，使人們變得愈來愈不相信別人，不相信眼前的一切。

以致出現了許多現代版的「指鹿為馬」的故事。甚至有的人站在這山，望著那山高，沐浴在這水，又想著別的水更純淨，因此慾望難填，永遠都不滿足。

有些人為名為利為美色活得很累，其實人生苦短，只要活得快樂就行，何苦追求過高，甚至不著邊際的標準呢？

而到了因為年老之時，在經歷了人生的喜怒哀樂以後，心裡已經變得隨和平淡，對事物的得失，也就不會看得那麼重了。有的人在退休以後，開始反省自己的前半生，總結自己最後得到了什麼。有些人為了實現理想，卻犧牲了健康；有些人積累了財富，最後卻失去了誠信。

其實，生命是個過程，就像一條河流在不同階段，會呈現不同景致。所以就有這樣一段處世箴言：人本是人，不必刻意去做人；世本是世，無須精心去處世。

能夠放開胸懷去體悟，就能感受真正的做人和處世了。

你有沒有想過

我們經常會一邊說著：「人生苦短，只要活得快樂就好！」但卻又會一邊為了追求名利，奔波勞碌，其實，這就是人性最矛盾的地方，也就是我們雖然都相信，只有放下一切，才能過著與世無爭的恬淡生活，但是，我們卻沒有那個勇氣，真的去放下目前自己所擁有的一切。

找到自己小確幸

一個人如果沒有一定的素養，沒有良好的心理素質和正確的人生態度，心境難免會被眼前的事物所迷惑。

有的人在退休以後，開始反省自己的前半生，總結自己最後得到了什麼。有些人為了實現理想，卻犧牲了健康；有些人累積了財富，最後卻失去了誠信。

問心無愧，不代表有指責他人的資格

客觀公正地對待他人的過失比較容易些，而坦誠公正地認識自己就非常困難。

君子之所以異於常人——是在於其能時時自我反省。

即使受到他人不合理的對待，也必定先反省自己本身，自問，我是否做到仁的境界？是否欠缺禮？否則，別人為何如此對待我呢？直到自我反省的結果，合乎仁也合乎禮了。

要是對方強橫的態度，如果仍然不改。那麼，君子又必須反問自己：我一定還有不夠真誠的地方。如果再反省的結果是自己沒有不夠真誠的地方，君子這時才會感慨地說：「他不過是個荒誕的人罷了。這種人和禽獸又有何差別呢？對於禽獸根本不需要斤斤計較。」

而且，人的能力有大有小，天下的事情應聽憑各自方便，不能強求做到整齊劃一，希望對方做到跟自己一樣的程度，其實，只要能把事情辦成就可以了。

否則，缺少能力的人因辦不好事，備受壓力而痛苦，也只是白添苦痛罷了。

故意挑剔毛病，硬找差錯，這麼做沒有問題，也會生出問題。有時偽裝成對工作事業認真負責的樣子，有時又換上一副蠻橫不講理的嘴臉，或自以為聰明透頂，或傲慢無知。

不管屬於其中的哪一種表現，心裡都揣著一個惡的念頭，不願與人為善。因為一切事物都不可能盡善盡美，所以有心人總是能為自己的行為開脫一番。

當一個人這樣作為的時候，他們並非沖著真理、正確、原則而來，恰恰相反，他們只是免得落人口實和把柄，好達到他們自己那些誣陷他人、奉承自己、寬以待己，以及嚴以律人的目的。

相對地說，客觀公正地對待他人的過失比較容易些，而坦誠公正地認識自己，就非常困難。這是由於私欲等主觀因素和非主觀因素所造成。所以做到每日「三省吾身」，是非常必要的！

因為，認識自我是安身處世的重要前提，也避免自己如同他人一般做出惡事，而不自知。

要知道，行惡也會變成習慣，會因為他人看輕自己，進而對他人惡言惡語，然後，陷入無法向上的惡之輪迴中。

你有沒有想過

有時候，我們因為太過於在乎別人對自己的看法，因此，才會讓自己的生活過得有點辛苦，雖說，世俗規範教導我們，跟別人的意見相左，就必須先反省自己，但如果眼睛沒瞎掉的人，都看的出是對方無理取鬧，那麼這個時候，如果我們還告訴自己，要先「自我反省」，那就過於矯情了！

找到自己小確幸

認識自我是安身處世的重要前提，也避免自己如同他人一般做出惡事而不自知。

要知道，行惡也會變成習慣，會因為他人看輕自己，進而對他人惡言惡語，然後，陷入無法向上的惡之輪迴中。

第九輯：得意的時候，不要忘記自己原來的樣子

得意忘形，會使人喪失最起碼的謙虛，更會使人頭腦發熱，做事情往往沒有邏輯，只憑一時的感覺；因此，當我們得意的時候，不要忘記自己原來的樣子。

不要為了一點小事，就去得罪別人

人際交往中，切不可太認死理，得饒人處且饒人，很多時候，裝裝糊塗，對己對人都非常有利。

按照一般常情，任何人都不會把過去的記憶，像流水一般地拋掉。就某些方面來講，人們會對某些事件執念很深，甚至終生不忘。在這些事件中，特別是激烈的情緒，更令人難以忘懷，例如像愛情、感動、痛苦、怨恨等等，其中怨恨更隨時隨地，讓人掛記在心。掛記著怨恨很容易對身心靈造成不好的影響，因為自己的行為導致他人的怨恨亦然。為了避免別人怨憤自己，或者少去得罪人，我們行事就需要小心謹慎。

如果被他人觸怒，因而產生的怨恨要如何排解呢？

《老子》中提出了「報怨以德」的思想。孔子也曾提出類似的話來教育弟子：「以直報怨，以德報德。」其涵義均是叫人處事時，心胸要豁達，以君子般的坦然姿態，應付一切。

所以，在現實生活中，當雙方發生矛盾或衝突時，對於別人的批評，除了虛心接受之外，還要養成毫不在意的功夫。人與人之間發生矛盾的時候太多了，因此，一定要心胸豁達，有涵養，不要為了一點點小事，就去得罪別人。

而且，生活中常有一些人喜歡論人短長，在背後說三道四。如果聽到有人這樣談論自己，完全不必理睬這種人。只要自己能自由自在按自己的方式去生活，又何必在意別人說些什麼呢？

每個人都生活在人群中，有人的地方自然會有紛爭。很多人喜歡爭吵，非論個是非曲直不可。

其實，這種做法很不明智，吵架既破壞氣氛又傷感情，一點都不值得。不如大事化小，小事化了，如果家和能萬事興，推而廣之，人和也能萬事興。

俗話說：「金無足赤，人無完人。」人際交往中，切不可太認死理，得饒人處且饒人，很多時候，裝裝糊塗，對己對人都非常有利。

你有沒有想過

有時候，我們經常會為了一點芝麻小事去得罪別人，不僅因此惹得別人當下很不高興，而且事後，自己也會懊悔不已。其實，人與人交往，難免會因意見相左，發生爭執，因此，在這個時候，我們即便無法做到心胸豁達，至少也要提醒自己，不要逞一時口快，脫口說出對自己和對別人，都不利的惡語。

找到自己小確幸

掛記著怨恨，很容易對身心靈造成不好的影響，因為自己的行為導致他人的怨恨亦然。為了避免別人怨憤自己，或者少去得罪人，我們行事就需要小心謹慎。

懂得小看自己的人，才不會有「大頭症」

善於看輕自己，其實是一種高明的人生策略，它需要豁達的心境和懂得「小看自己」的智慧。

日常生活中，我們經常看到一些非常看重自己的人。他們總以為自己很了不起，高高在上，盛氣淩人；總以為自己博學多才，滿腹經綸，一心只想幹大事，創大業。也因如此，事情稍不如意，便怨天尤人、成天抱怨。

說穿了，都是因為太看重自己，在碰見顛簸的時候，也就摔得越慘。

關於自高自大的危害，佛家在《法句經．多聞品》中作了這樣的總結：「自己懂了一點東西，就自高自大驕傲於人，這就好像盲人手執燈燭，照亮了別人，自己卻看不到光明。」

因此，善於看輕自己，其實是一種高明的人生策略，它需要豁達的心境和懂得「小看自己」的智慧。

善於看輕自己的人，懂得自己只是芸芸眾生中的一分子，不會自高自大、自命不凡；善於看輕自己的人，懂得只有努力奮鬥，開拓進取，才能一步一個腳印地攀登人生的高峰；善於看輕自己的人，為人謙虛、厚道，容易取得別人的信任和敬重。

一個人如何修養自己的品德，的確非常重要。由於，人們的修養不同，所以人們的品性也有著很大的區別，有的人自以為是；有的人自高自大；有的人傲慢無禮；有的人偏聽偏信等等，這些負面個性未必對自己有什麼好處，反而會給自己招致麻煩和災難，因此，修身養性對我們來說至關重要。

那麼該如何修身養性？如果人們深刻理解到「毋偏信自任，毋自滿嫉人」這句話的深刻涵義，那麼就有了明確的思想和正確的理念，這不僅給了我們深刻的啟示作用，而且可以做為為人做事的座右銘。

如果我們時刻牢記這句話，並且以這句名言警句做為行為的準則，這是明哲保身的一種生活方式，而且，為人做事也就有了依據。

你有沒有想過

其實，越是懂得「小看自己」的人，越是有真正本事的人，也就是說只有那些自以為博學多才，滿腹經綸的人，才會自以為是，自大高傲，但是，這些人一碰到要展現真才實學的時候，就立刻被人看破手腳了。

找到自己小確幸

自己懂了一點東西，就自高自大驕傲於人，這些負面個性，未必對自己有什麼好處，反而會給自己招致麻煩和災難。

「逆境」是讓生活變得更好的必經之路

逆境，是強者的必經關口；沒有逆境的苦難，就沒有強者的戰場。

有一個國王和一個奴隸同坐一條船。那奴隸從來沒有出過遠門，從來沒有見過海洋，更沒有嘗過坐船的苦。他一路戰慄不已，進而哭哭啼啼。大家百般安慰他，他仍繼續哭泣。

國王被他擾得不能安靜，就找隨船的大臣們商量，但大家始終想不出辦法來。這時，船上有一位哲學家說道：「您如果允許我試一試，我想我可以使他安靜下來。」

哲學家立刻叫船上的水手把那奴隸丟到海裡去，他沉浮了幾次，水手才抓住他的頭髮把他拖到船邊。

他連忙雙手緊緊地抱著船舵，水手才把他拖到船上。他上船以後，坐在一個角落裡，再也不哭了。

蘇格拉底說：「逆境是磨練人的最高學府。」這種逆境觀，幾乎是歷史上所有偉大鉅子成功的基石。人必須有信心戰勝生活中的一切逆境，但就像故事中的奴隸一樣，有些人一旦遇到逆境，便表現出脆弱的天性，或者聽從逆境的擺佈，為尋求暫時的平安而做無謂的犧牲，任聽逆境的宰割與剝奪。

這種人是生活的垃圾，逆境的犧牲品。逆境作為優勝劣汰的試金石，把這些人從繁複複雜的生活中淘汰出局，從而使優秀者綻放出燦爛的光彩。

逆境原是為不畏困苦的人而準備的，它阻擋住的，都是跌倒在地，凡事不經一擊的庸人。面對逆境便以為無法越過的人，只能永久地停留在「阻擋」面前；胸藏江河的人，他所看到的逆境是鍛鍊，完成鍛鍊之後，就能夠擁有放舟千里的力量和氣概。

因此，人生的關鍵，就是培養自己胸懷的博大。一個人，只有具備了博大的胸襟，才能夠平靜地對待世界與人生。

張伯倫說：「除了通過黑夜的道路，人們不能到達黎明。」逆境，是強者的必經關口；沒有逆境的苦難，就沒有強者的戰場。沒有戰勝困難的過程，又怎麼能有勝利的歡愉和成功的喜悅？

逆境正是人生經歷中最可貴的部分，它將卓越與平庸，鮮明地區分開來，使那些不凡的生命，從混沌的世俗中脫穎而出。

你有沒有想過

人生，其實是由一連串的「逆境」與「順境」組合起來的，而且，「逆境」的比例，通常會比「順境」要來的多；也就是說如果你能比別人克服比較多的「逆境」，那麼你就會順利進入「人生勝利組」，反之，你就只能永遠待在「人生失敗組」。

找到自己小確幸

蘇格拉底說：「逆境是磨練人的最高學府。」逆境原是為不畏困苦的人而準備的，它阻擋住的，都是跌倒在地，凡事不經一擊的庸人。

小惡是滑向罪惡深淵的起點

天大的罪過不是一時鑄就，彌天禍殃也非一日就能釀成。小惡是滑向罪惡深淵的起點。因此，我們要嚴格要求自己，注意檢點自己的言行，是否符合道德規範，防微杜漸，揚長避短。

人有兩耳兩眼兩鼻孔，唯有一張嘴，就是要多聽多看多辨，而少言。從現代的人際關係來說，適當而得體地表達自己，也是相當重要的。

孟子曰：「言人之不善，當如後患何？」言多必敗，危害極大。醫生說錯話可以害死病人，君主的失言可以毀掉國家。一般人說錯話也不可輕估，有人因言語得罪人而被人殺害。

所以，無謂的言語，還是少說為妙，就像歌聲婉轉的鳥，不會一天到晚地唱，只有惹人討厭的烏鴉終日聒躁。

我們要記住高攀龍的話：「言語最要謹慎，交友最要審擇。多說一句，不如少說一句，多識一人，不如少識一人。」

有的人說錯一句話，或做錯一件事，不以為恥，而大言不慚地說：「區區小事，何足掛齒。」誰知其害無窮！

古人以璧玉比喻一個人的人格，璧玉上如果有了一塊小小的斑點，這塊璧玉就不是最好的了；正如一個人如果不謹言慎行，做錯了一件事，卻玷污了他的人格，有人一直公正無私，捨己為人，卻偏偏因為不告而取走別人的一件小東西這樣的小事，降低了自己的威望，失去了別人對自己的信任。

另一方面，事情總是不斷地發展變化。「小善小惡」最容易忽略。一般人每天忙碌的事情，如雲絮一樣多，總以為不經意做的小小惡事，大體無妨，卻不知道「無妨」二字，留下的禍根最深。

那些自暴自棄，作惡不肖的人，也是因為「無妨」二字，不知不覺積成大惡。天大的罪過，不是一時鑄就，彌天禍殃，也非一日就能釀成。

小惡是滑向罪惡深淵的起點。因此我們要嚴格要求自己，注意檢點自己的言行，是否符合道德規範，防微杜漸，揚長避短。

你有沒有想過

通常，每一個「說錯話」的人，在一開始都不會以為自己說錯話，往往直到發現別人，因為自己的這句「錯話」，板起了臉色，才驚覺自己說錯了話；其實，十句錯話，有九句都是不經過大腦就脫口而出，因此，如果想讓自己少說錯話，不妨讓自己準備說出的每一句話，都在大腦中彩排一次，再脫口說出。

找到自己小確幸

言語最要謹慎，交友最要審擇。多說一句，不如少說一句，多識一人，不如少識一人。無謂的言語，還是少說為妙，就像歌聲婉轉的鳥，不會一天到晚地唱，只有惹人討厭的烏鴉終日聒躁。

做人不要太驕傲，也不能太矯情

一個人如果太驕傲太自滿，就像被倒滿的茶杯，再也裝不進其他事物，最終災禍臨頭悔之晚矣。

真正懂得搏擊的武士，憑藉的是智慧，不是武力；真正懂得打仗的將領，憑藉的是冷靜沉著，不是衝動暴躁；常常戰勝敵人者，往往不需打仗就勝了；很會運用別人優點的人，對待別人都很謙恭，尊重對方。

謙恭有度，講的是君子的情操和待人接物的態度。君子待人要謙虛，對待長輩更要恭謙有禮，但也不可謙虛過度，過謙則使人感覺到虛偽狡詐。只有虛懷若谷的態度，才能給人尊敬的印象，「敬人者人恆敬之」說得就是這個道理。

有一位滿腹經綸的作家，為了瞭解人生的奧妙，不遠千里去拜訪一位學者。學者在桌上準備了兩隻斟滿茶水的杯子，然後邊坐下，開始講解人生的意義。

這位作家聽著聽著，覺得其中某些話似曾相識，好像也不是什麼高深的理論。於是，認為學者只不過是浪得虛名，騙騙一般凡夫俗子而已。

他愈想愈覺得心浮氣躁，坐立不安，不但在學者的講道中，不停地插話，甚至輕蔑地說：「哦，這個我早就知道了。」

學者並沒有出言指責作家的不遜，他只是停了下來，拿起茶壺再次替作家斟茶，儘管茶杯裡的茶還剩下八分滿，學者卻不斷在茶杯中注入溫熱的茶水，直到茶水不停地從杯中溢出，流得滿地都是。

作家見狀，連忙提醒學者說：「別倒了，杯子已經滿了，根本裝不下了。」

學者聽了放下茶壺，不慍不火地說：「是啊！如果你不先把原來的茶杯倒乾淨，又怎麼能品嘗我現在倒給你的茶呢？」

就像故事中的作家一般，一個人如果太驕傲太自滿，就像被倒滿的茶杯，再也裝不進其他事物，最終災禍臨頭，悔之晚矣。但相反的，如果太謙虛太禮讓，矯揉造作，虛偽狡詐，也會給人留下華而不實的印象，這就是過猶不及的道理。

所以，謙讓要有度，要恰恰當當的。

你有沒有想過

越是不懂得謙遜的人，越是不懂得如何尊重別人，而這樣的人，往往眼高於頂；然而，謙虛過度的人，通常說出去的話，會讓人感到虛偽，甚至感到噁心。因此，如果想讓自己成為一個別人不會討厭的人，就必須切記，做人不能太驕傲，也不能太矯情。

找到自己小確幸

真正懂得搏擊的武士，憑藉的是智慧，不是武力；真正懂得打仗的將領，憑藉的是冷靜沉著，不是衝動暴躁。

得意的時候，不要忘記自己原來的樣子

得意忘形，會使人喪失最起碼的謙虛，更會使人頭腦發熱，做事情往往沒有邏輯，只憑一時的感覺：因此，當我們得意的時候，不要忘記自己原來的樣子。

古往今來，凡是能夠建立功業，成就功勳的，全都是謙虛圓融的人士，那些執拗固執、驕傲自滿的人，往往與成功無緣。

文王謙虛，渭河之濱訪太公，最終成就了周朝八百年的基業；劉備謙虛，三顧茅廬請臥龍，最終天下三分，一分歸劉。

謙虛的人懂得怎樣尊敬別人、包容別人，比如山谷：山谷因為胸懷空闊，而容納萬物，萬物生長其間，不受排斥，不受拘禁，自由生長，得到了長久來自於山谷的給養和尊重，同時山谷間的萬物，也裝飾點綴了山谷，使山谷變得鬱鬱蔥蔥，生機勃發。所謂謙虛

禮讓，敬人敬己就是這個道理。

也因此，做人大忌，就是得意忘形。縱觀歷史，凡得意忘形者，必沒有好下場。

三國中，曹操敗走華容道，雖然是敗軍之將，卻對諸葛亮的軍事才能，百般嘲笑，結果全都落入孔明套中，這時才羞慚萬分，要不是關羽為報答恩情，放他一馬，恐怕曹操要死於赤壁的硝煙中。

漢武帝剛剛即位的時候，舅父田蚡掌握大權，不把朝臣放在眼中，忘乎所以，最後連武帝也難以容忍，落得發瘋的下場。

很多時候，人們經歷千辛萬苦，終於把黑暗踩在腳下，迎來光明的曙光，卻因為得意忘形，又重新跌入黑暗的深淵。

得意忘形，會使人喪失最起碼的謙虛，更會使人頭腦發熱，做事情往往沒有邏輯，只憑一時的感覺；就像海上揚起的風波，即使風波滔天，但在風平浪靜之後，大海也要回歸沉靜。

故而，人不能得意，更不能忘乎所以，得意忘形。縱使是那些曾經叱吒風雲的人物，要是得意忘形了，也會遭遇不好的下場。

古話說得好：「得意者終必失意。」人生在世，無論什麼時候都要內斂，學會謙虛。

只有謙虛的胸懷，才能有海納百川的吞吐之勢。

你有沒有想過

人可以「得意」，卻不能「忘形」，因為，人一旦「得意忘形」，就會自我膨脹、自以為是，甚至因而得罪了不該得罪的人，因此，當我們志得意滿的時候，必須時時提醒自己，不要忘記自己原來的樣子。

找到自己小確幸

凡是能夠建立功業成就功勳的全都是謙虛圓融的人士，那些執拗固執、驕傲自滿的人，往往與成功無緣。

能夠笑到最後的人，才是最後的贏家

爭名逐利不過是過眼雲煙，胸襟豁達，為人要有幾分淡泊，才能笑到最後，做最後的勝利者。

人生於天地間，立身處世，應該從大處著眼，小處著手，不為權勢利祿所羈，不為功名毀譽所累，明察世情，不被無所謂的人情客套禮節規矩所拘束。能夠自在的哭、自在的笑、能苦、能樂，無處不自在，時時怡然自得，真實自然，保持自己的個性特點，就是最快樂的生活狀態。

陶淵明因被生活所迫，不得已進入官場。二十九歲時，他任職為江州祭酒，但不久便自動辭職回家種田。

隨後，州裡又請他去做主簿，他不願意接受。到了四十歲，他為了解決生活困難，又到劉裕手下做了鎮軍參軍，四十一歲時，轉為彭澤縣令，但只做了八十多天，便辭職回家。

從此以後，他再也不願意出來做官了，而甘願親自種田來養家餬口，過著一種十分清淡貧窮的日子。

辭官回家以後，陶淵明彷彿從一個烏煙瘴氣的地方，突然來到了空氣清新的花園，愜意非常。他立即寫了一首辭賦，題目叫《歸去來辭》，以表達自己厭惡官場。

從此以後，他帶著老婆、孩子一直過著一種耕田而食、紡紗而衣的田園生活。平時有空閒，他就寫詩作文，以寄託自己的思想感情，後來，成了晉朝一位傑出的詩人。

像陶淵明這樣甘於平淡，甚至樂於平淡的人，超然物外，有官無官不在意，有錢無錢無所謂，有名無名不上心，窮福得失都淡然處之，如此不管遭遇到什麼樣的處境，也不會因此而或悲或喜。

我們每天都和別人打交道，有君子也有小人。即使朋友中，不小心，也有小人存在。有的人為名利所驅，往往會做出有失道義的事來，但爭名逐利不過是過眼雲煙，胸襟豁達，為人要有幾分淡泊，才能笑到最後，做最後的勝利者。

你有沒有想過

每個人每天汲汲營營追求的，不外乎是「名利」二字，而且，有些人為了追求「名利」不惜做出背叛朋友，甚至是違背良心的事情，但是，如果我們將時間，往後拉到二十年後，再來看自己為了「名利」所做的違背良心道德的事，往往會後悔自己當初為何會這樣做。

找到自己小確幸

能夠自在的哭、自在的笑、能苦、能樂，無處不自在，時時怡然自得，真實自然，保持自己的個性特點，這就是最快樂的生活狀態。

逆境及苦難，都是我們最大的財富

對於一個堅強的夢想者來說，沒有逆境意味著沒有磨練。當逆境降臨到身邊時，用怎樣的一種心態去對待它，就是人生歸宿的岔路。

讀書人既然有志於追求真理，但卻對穿不好吃不好感到羞恥，這樣的人是不足以與他談論道的。

如果立志於修道的人，卻貪圖享受，就沒有什麼可談的了，因為他的心智，已經被物質的欲望侵佔。

一個書生到一個禪師那裡大談佛道，自己宣稱已經領悟真道，並說：

「大千世界不過空空如也，我已經一絲不掛，解脫自在了。」

禪師聽他這樣說，還是微笑著和他聊著。

書生臨走的時候，禪師突然問：「你的衣服背後怎麼燒了一個大洞？」

書生急了，這可是他最好的衣服，趕緊問：「哪裡？哪裡？」

禪師笑了笑：「就這麼個一絲不掛呀？」

書生聽見便慚愧地走了。

立志要追求真理的人，當然是要具備出世離塵的精神，而這出世離塵是遠離口腹之樂和名利享受的，衣食住行不是說要追求簡樸和苦行，但應該隨遇而安，否則，像故事中的書生那樣，嘴上侃侃而談，心中卻掛念著華麗的衣裝，他「志於道」的想法，當然要打上問號。

孟子曰：「天將降大任於斯人也，必先苦其心志，勞其筋骨。」痛苦是成熟的催化劑，它能使堅強的人，更加堅強，懦弱的人，更加懦弱。

一個人在困難面前，摔倒是在所難免的，但關鍵是能從面對困境之中，勇敢地站起來。現在的逆境及苦難都是我們最大的財富。

對於一個堅強的夢想者來說，沒有逆境意味著沒有磨練。有磨練，才會有痛苦，才會使人思索。一個人只有經過痛苦的思索，才會發現這個世界的光明與陰暗，才會頓悟人生的真諦，才會明智練達。

放眼天下的那些英雄人物，沒有一個不足歷經坎坷，嘗盡人世間的滄桑。如果我們仔細觀察自己身邊的人，也會發現沒有一個人的一生，都是一帆風順，任何一個人或多或少都會遇到大大小小不同的各種各樣的挫折和逆境。

當逆境降臨到身邊時，用怎樣的一種心態去對待它，就是人生歸宿的岔路。

你有沒有想過

當我們面對人生逆境，所遭遇的每一個「挫折」和「苦難」，其實，都是我們人生的最好的禮物，因為，人生如果沒有挫折的考驗，就不可能成長，如果沒有苦難的磨練，就不可能讓自己變得更堅強。

找到自己小確幸

一個人在困難面前，摔倒是在所難免的，但關鍵是能從面對困境之中，勇敢地站起來。現在的逆境及苦難都是我們最大的財富。

第十輯：「隨緣」是淡然放下的人生態度

與周圍的人相比較，我們似乎還要進取，還要奮鬥，還要競爭。但與宇宙相比較，我們算什麼「東西」呢！

越是關鍵時刻，越需要放手一搏

德國偉大的詩人歌德曾經說過：「長久地遲疑不決的人，常常找不到最好的答案。」

人生往往有很多的抉擇。當面對形形色色的抉擇時我們該如何取捨？我們往往會猶豫，猶豫，再猶豫；三思，三思，再三思。可是，時不待人，我們常常會因為痛失機遇而扼腕嘆息。

凡事不想一想就行動，往往會導致後患；但想得太多，瞻前顧後，則容易陷入猶豫不決的狐疑之中，導致優柔寡斷，因此，做事情需要堅決果斷。

一九四四年，英美聯軍在艾森豪的指揮下，正準備橫渡英吉利海峽，在法國諾曼第登陸，展開對德戰爭的另一個階段。

這次的登陸事關重大，英國和美國為這場戰役投入了巨大的人力物力。然而，人算不如天算，就在他們準備好一切、蓄勢待發之時，英吉利海峽突然風雲變色、巨浪滔天，數千艘船艦只好退回海灣，等待海上恢復平靜再說。

這麼一等，足足等了四天之久，數十萬名軍人被困在岸上，進退兩難。他們每日所消耗的經費、物資大的驚人。

正當艾森豪總司令愁眉不展時，氣象專家送來了最新的預報：天氣即將好轉，狂風暴雨會在三個小時後停止。

艾森豪明白這是個千載難逢的大好機會，可以攻敵人於不備。只是當中也暗藏危機，萬一氣候不如預報中這麼快好轉，那可能會全軍覆沒。

艾森豪經過了慎重的思考之後，在日誌中寫下：「我決定在此時此地發動進攻，是根據所得到最好的情報做出的決定……如果事後有人譴責這次的行動或追究責任，那麼，一切責任均由我一人承擔。」

然後，他斬釘截鐵地向海、陸、空三軍下達了橫渡英吉利海峽的命令。

大雨果然在三個小時後停止，海上恢復一片風平浪靜，艾森豪率領的英美聯軍終於順利地登上諾曼第。

機不可失，時不再來，這是一個淺顯的道理，然而，只有懂得把握住這個道理的人，才能完成目標。

你有沒有想過

所有成功者都是在攸關成敗的關鍵時刻，做了失敗者不敢做的決定，而且，成功者在做這個失敗者不敢做的決定之前，不會去考慮這個「決定」是否會成功?而是他們認為如果不抓準時機，放手一搏，那麼就注定永遠不可能成功。

找到自己小確幸

做人要果敢，也就是面對選擇、挑戰的時候要堅決，面對困難的時候要勇敢，不臨陣脫逃。因為人生都是捉摸不定的，如果不及時地下決心，錯過之後，就會後悔莫及……

在思考後當機立斷，才不會和成功的機遇擦身而過

英國大文學家莎士比亞曾說：「智慮是勇敢的最大要素。」

古人有一句話說：「三思而後行，謀定而後動。」這句名言是克服衝動的最佳良藥。要知道，問題的發生是由許多因素造成的，單憑直覺或只是簡單的思考一下，很難得出結論，有的時候，還有被人製造假像，提供虛假線索的可能，不小心就有誤入歧途的危險。

但「三思而後行」不能作為優柔寡斷的藉口，因為有些事情是必須果斷處理的，正所謂當斷不斷，反受其亂，歷史上有很多這樣的例子。

三國時期，袁紹擁有的謀士如雲，戰將如雨。謀士如雲應該是一個極好的優勢，可惜當事情一旦決策時，眾謀士各抒己見，而袁紹就在眾多聲音中失去主見。

在白馬之戰中，袁紹聽說有一個使用大刀，紅臉長著長鬍子的人斬了大將顏良，非常生氣。這時，謀士沮授說那人一定是關羽，便建議袁紹及時除去關羽的大哥劉備。

袁紹指著劉備說：「你的兄弟殺死了我的大將，我不能留你了。」

劉備從容說：「天下長著同樣相貌的人太多了，難道紅臉長鬚使大刀的人就一定是關羽嗎？」

袁紹聽後馬上改變了主意，反而還責怪沮授：「我誤聽你的讒言，險些把好人殺了。」

接著，關羽又殺了袁紹的大將文丑。郭圖馬上對袁紹說：「現在，關羽又殺了我們的大將，但，劉備卻假裝不知道。這不合情理。」

袁紹聽後大罵：「膽大的狗賊，竟敢屢次欺騙於我，速將劉備推出去斬了。」

劉備又反駁說：「曹操素來嫉妒我的才能，現在他知道我在你這裡，害怕我會幫助你，就故意讓關羽誅殺你兩員大將，目的就是想激怒你殺了我。」

袁紹聽後，反過來責備郭圖：「玄德分析得很正確。你們差點讓我害了有賢之士。」

本來袁紹有兩次機會可以除去劉備，但劉備都化險為夷。從中可以看出劉備的機敏和袁紹的多謀少決、謀而不斷。

就由於袁紹的「多謀少決」，最終的官渡之戰，才敗在曹操的手中。

有勇氣、有智慧、有膽略的人是不會猶豫不決的，但是如果不懂得把握先機，謀而不斷的人，就會像前述故事中的袁紹一樣，讓自己離成功的道路愈來愈遠。

你有沒有想過

當我們面臨艱難的抉擇時，應該像壁虎一樣果斷地「斷尾求生」，不要猶豫不決，才能把握住機會。否則，在患得患失之後，你會發現機會已經溜走了，那麼再埋怨和懊惱又有什麼用？

找到自己小確幸

在現實生活中，做事果敢的人並不多。相反的，當我們認真觀察周圍的人就會發現，有很多人都是在關鍵時刻左顧右盼，進退兩難，讓自己在這種情況下錯過了時機。

與人分享愈多，你就可以擁有愈多

想像有一把火炬，數千人用這把火炬取火，用來照亮數千個家庭，那火炬也依然的旺盛，沒有絲毫的減損；而幸福就跟那個火炬一樣。

在生活中，我們只要與別人分享幸福，分享快樂，分享親情，分享成功，分享資訊，分享甘苦…就會在分享中獲得人生的真諦。

有位作家曾說過：「倘若你有一個蘋果，我也有一個蘋果，而我們彼此交換蘋果，那麼，你和我仍然是各有一個蘋果。但是，倘若你有一種思想，我也有一種思想，而我們彼此交換這些思想，那麼，我們每人將各有兩種思想。」

其實，幸福是埋藏在每個人心中的感覺，只要你願意去開啟它，願意相信自己，幸福就會常在。

有一位老師在院子裡種了一株菊花。三年後的秋天，院子裡開滿了菊花，香味一直傳到了山下的村子裡。凡是經過這裡的人都不住地讚嘆：「好美的花兒啊！」

有一天，有人開口向老師要幾枝種在自己家的院子裡，老師答應了。他親自動手挑了開得最豔、枝葉最粗的幾株，挖出根鬚送到別人家裡。

消息傳開後，前來要花的人絡繹不絕，老師滿足了每個人的願望。可是這樣一來，沒過幾天，院裡的菊花就都被送出去了。

學生看到滿院的淒涼，忍不住說：「太可惜了！這裡本來應該是滿院的香味啊。」

「這樣不止好嗎？因為三年以後就會是滿村菊香了啊！」老師帶著笑容接著告訴學生，「我們應該把美好的事物與別人分享，讓每個人都感受到這種幸福，即使自己一無所有，心裡也是幸福的啊。」

「分享幸福」主要的意義，就在於它可以使我們得到雙倍甚至更多的幸福，因為，把自己的東西拿來與別人分享的那一刻，不但能體會到分享的樂趣，更能體驗到一種滿足感。

你有沒有想過

只有能夠與人分享的幸福，才是真正的幸福，因為，幸福其實就像香水一樣，如果你自己灑在身上，你只能在自己身上聞到香味，但是如果你懂得將這個代表幸福的「香水」分享給別人，灑到別人身上，那麼你就可以在你分享出去的人身上，聞到香味。

找到自己小確幸

關心愛護周圍的人，多為別人著想的人，心中的幸福感覺最多，因為看到別人的幸福微笑，我們心中自然也會感到幸福快樂。

如果瘋狗咬你一口，你不必也趴下去反咬牠一口

我們沒有權利去控制風雨，也同樣無權控制他人。老天爺不是靠怪罪人類來運作世界，所有對別人的埋怨、責備都是人心製造出來的。

做為人，一定要保持一顆慈愛的心，除去怨恨別人的想法；因為憎恨別人對自己是一種很大的損失。不管對方有多壞、多卑劣，惡言永遠不要出自於我們的口中，因為越罵，我們的心就越被邪惡的念頭污染。

社會是人與人組成的，因此在生活中，很難避免與他人之間發生摩擦，或者與人產生不愉快，尤其是當我們感受到自己遭遇到不公平的待遇，往往會對他人產生敵意，甚至是因此在心裡對他人懷有怨恨之心。

雖說當我們受到真正不公平的待遇時，完全有理由怨恨他人，可是，請冷靜地想一想，當我們在怨恨他人的時候，自己又從中得到了什麼？事實上，所得到的只是比對方更深的傷害。

因為，怨恨對他人不起任何作用，怨恨只會影響自身的健康，怨恨的態度還會使人產生消極情緒，消極情緒不管對健康和性情，都會產生很大的負作用，從而對身心靈造成傷害。

然而，這一切都是因為我們經常在腦海裡預設一些規定，認為別人應該有什麼樣的行為，要是對方違反規定，就會引起我們的怨恨。其實，如果是因為別人對「我們」的規定置之不理，就感到怨恨，不是很可笑嗎？

大多數人都認為，只要我們不原諒對方，就可以讓對方得到一些教訓。也就是說：「只要我不原諒你，你就沒有好日子過。」但是到最後，倒楣的人總是我們自己，一肚子窩囊氣，甚至連覺也睡不好。

當然，除非有特殊原因，我們不必與那些存在著嫌隙的人交好，但是，當你「放開」怨恨，學會遺忘和原諒，就會發現，原來當初所認為的不公，其實根本不值得一提。

因為，它們在我們的一生之中，是那麼的微不足道。在此同時也會認識到，拋開對他人的怨恨之心，所獲得的快樂是一生都享受不盡的。

你有沒有想過

雖然我們不能改變周遭的世界，但，我們可以改變自己，然後用慈悲心和智慧心來面對這一切。根本不必回頭去看咒罵你的人是誰？這就像要是有一條瘋狗咬我們一口，我們是不需要也趴下去反咬牠一口的。

找到自己小確幸

要知道，我們所受到的不公，僅僅是因為別人無法滿足我們的心理欲求。如果我們不看重自己心理上的這份欲求，或者把這份欲求看得很淡，那麼自己自認為的不公，又從何而起？

在該糊塗的時候，千萬不能太清楚

對不能補救的事，何不使自己知足；對不能糾正的事，何不使其順其自然……人，只有擺脫了外界的奴役，自己主宰自己，才可能永保心靈的恬靜和快樂。

在世上，每個人的活法各不相同。面對同一個環境和條件，為什麼有的人活得痛苦，有的人活得輕鬆呢？

這其中，除了稟賦差異外，就是聰明人懂得調整自身與環境的關係，審時度勢，超然處世，順應自然。

唐朝詩人劉禹錫，才富五車，為人爽直，但有時做人不夠圓通，惹來不少麻煩。當時有項風俗，舉子在考試前都要將自己的得意之作，送給朝廷有名望的官員，請他們看完之後，為自己說幾句好話，以提高自己的聲譽，稱之為「行卷」。

襄陽有位才子牛僧孺這年到京城赴試，便帶著自己的得意之作，來見很有名望的劉禹錫。劉聽說他來行卷，便毫不客氣地當面修改他的文章。

劉禹錫是牛僧孺的前輩，親自修改他的文章，對他的文章水準的提高，是有好處的。但牛僧孺是個非常自負的人，從此便記恨於心。

後來，劉禹錫仕途一直不很得意，到牛僧孺成為唐朝宰相時，劉還只是個小小的地方官。一次偶然的機會，劉禹錫與牛僧孺相遇在官道上，兩個便一起投店，酒酣之際，牛僧孺寫下一首詩，其中有「莫嫌恃酒輕言語，曾把文章謁後塵」之語，顯然對當年劉禹錫當面改其大作一事，耿耿於懷。

劉見詩大驚，方悟前事，趕緊和詩一首，以示悔意，牛僧孺才解前怨。劉驚魂未定，後對弟子說：「我當年一心一意想扶植後人，誰料適得其反，差點惹來大禍，你們要以此為戒，不要好為人師。」

智者懂得，人生道路曲折多變，有些時候，對事物的發展只有「順其自然」，「死生有命，富貴在天」，凡事不可強求。

像劉禹錫太過認真，對人情世故了解得太少，才會得罪權貴，險些落得被下放的後果。有時順任自然，放任糊塗，才是處世之道。

你有沒有想過

在人生的過程中，有很多不必要的麻煩和紛擾，都是來自於我們做人太過於認真，以致於沒有顧及到應該注意的人情世故，因而在不知不覺之中，得罪了別人，進而導致別人一抓住可以修理自己的機會，就絲毫不留情面地要自己「加倍奉還」，因此，有時候，做人還是在該糊塗的時候，千萬不能太清楚。

找到自己小確幸

莊子說得好：「我願意活著，在沼澤裡搖頭擺尾，自由自在。」

糊塗不是要求做到無欲，而是淡看各種名利之欲。淡看之後，則可生曠達，有了曠達之後，人生自然逍遙了。

虛心待人，才能接納別人給自己的意見

我們要接受別人的長處，同時，也要接受別人的短處、缺點與錯誤。只有這樣，我們才能和他人，也才能和自己真正地和平相處。

一個滿懷失望的年輕人，千里迢迢來到一位知名畫家的家中，對畫家說：「我一心一意要學丹青，但至今沒能找到一個能令我心滿意足的老師。」

畫家笑笑問：「你闖蕩南北十幾年，真沒能找到適合自己的老師嗎？」

年輕人深深嘆了口氣說：「許多人都是徒有虛名啊，我見過他們的畫，有的畫技甚至不如我呢！」

畫家聽了，淡淡一笑說：「我收集了一些名家精品，既然你的畫技不比那些名家遜色，就煩請你為我留下一幅墨寶吧。」說完，便拿來了筆墨硯和一幅宣紙。

畫家接著說：「我的最大嗜好，就是愛品茗飲茶，尤其喜愛那些造型流暢的古樸茶具。你可否為我畫一個茶杯和一個茶壺？」

年輕人聽了，心想：這還不容易？於是調好硯墨，鋪開宣紙，寥寥數筆，就畫出一個傾斜的水壺和一個造型典雅的茶杯。那水壺的壺嘴正徐徐吐出一脈茶水來，注入到了那茶杯中去。

年輕人問畫家：「這幅畫您滿意嗎？」

畫家微微一笑，搖了搖頭，說：「你畫得確實不錯，只是把茶壺和茶杯放錯位置了。應該是茶杯在上，茶壺在下呀。」

年輕人聽了，笑道：「茶杯在上，茶壺在下？哪有茶杯往茶壺裡注水，您是不是搞錯了呢？」

畫家聽了又微微一笑說：「原來你懂得這個道理啊！你渴望自己的杯子裡能注入那些丹青高手的香茗，但你總把自己的杯子放得比那些茶壺還要高，香茗怎麼能注入你的杯子裡呢？」

我們需要學會「放開」心胸，去了解虛心待人的好處。

虛心待人，就是要懂得用謙卑、寬容的心，來接納別人、尊重別人、理解別人的處世方法。而寬容代表著一顆美好的心，也是最需要加強的美德之一。

俗語講，眉間放一「寬」字，自己輕鬆自在，別人也舒服自然，這是一種豁達的風範。只有擁有一顆寬容的心，才能從容面對自己的人生。

你有沒有想過

我們經常會犯了去向別人請教，卻不夠「虛心」的毛病，其原因就出在我們去向別人「請教」，往往都是抱著想獲得別人「讚賞」的心態，因此，一旦別人非但沒有對自己讚賞，反而還對自己有所批評，自己的心裡當然也就不會太舒服了。

找到自己小確幸

我們需要學會「放開」心胸，去了解虛心待人的好處。虛心待人，就是要懂得用謙卑、寬容的心，來接納別人、尊重別人、理解別人的處世方法。

「隨緣」是淡然放下的人生態度

與周圍的人相比較，我們似乎還要進取，還要奮鬥，還要競爭。但與宇宙相比較，我們算什麼「東西」呢！

人活著，要做的事情很多，但奢望每一件都能按自己的想法發展，那根本是不可能的，一切的苦求，無非徒增煩惱。

隨緣是坦蕩人生，得到了也不歡喜，失去了也不惱怒，能悟道「得失進退」，只不過是尋常人生中的小小插曲，終究會棄我們而去。

我是誰？何須問。不過滄海一粟，不過千山一石，塵埃般的微渺，怎敢強求千仞崖頂的笑傲天下？

有一次，蘇東坡和秦少游結伴一起外出。在飯館吃飯的時候，一個全身爬滿了蝨子的

乞丐上前來乞討。蘇東坡看了看這名乞丐後，就對秦少游說道：

「這個人真髒啊，身上的污垢都生出蝨子來了！」

秦少游則瞪了他一眼後，立即反駁道：

「你說的不對，蝨子哪能是從污垢中生出來的，明明是從棉絮中生出的！」

兩人各執己見，爭執不下，於是打賭，並決定請他們共同的朋友佛印禪師來裁判，賭注是一桌上好的酒菜，兩人都認為自己穩操勝券。

豈知，佛印卻不緊不慢地說：「蝨子的頭部是從污垢中生出來的，而腳部卻是從棉絮中生出來的，所以你們兩個都輸了，你們應該請我吃酒。」

聽了佛印的話，兩個人都哭笑不得，卻又無話可說。佛印接著說道：

「大多數人認為『我』是『我』，『物』是『物』，然而正是由於『我』和『物』是對立的，才產生出種種的差別與矛盾。在我看來，『我』與『物』則是一體的，外界和內界是完全可以相互調和的。這就好比一棵樹，同時接受空氣、陽光和水分，才能得到圓融的統一。管它蝨子是從棉絮還是污垢中長出來，只有把『我』與『物』之間的衝突消除，才能見到圓滿的實相，這就是所謂的『隨緣』了。」

佛印化解蘇東坡與秦少游的賭局，正是採用了「枯也好，榮亦好」的道理。

有人談隨緣，說這是「宿命論」的說法。其實不然，隨緣要比宿命論高深。「宿命論」不過是無奈於生命的抗爭而做的不得已之論，「隨緣」則是當自己面對人生競爭時，淡然地選擇放下的人生態度。

你有沒有想過

如果沒有看徹眼前浮雲，嚐透人生滋味，沒有一番體驗，歷經人生劫難，就妄言隨緣的人，一定是無病呻吟，而且也是不負責任的做法。

其實，「隨緣」這兩個字說起來簡單，但卻是必須做了該做的努力，而且對成敗能夠看開的人，才有資格說出這兩個字。

找到自己小確幸

一切隨緣，簡單地說，是一種心態，或是一種生活態度。它和積極的進取並不矛盾。相反的，它們則是相輔相成，互為補充的。

用隨緣的心態，面對人生的風風雨雨

做人要有幾分淡泊的心態，要不然，欲望會讓你痛苦不堪。人要是為物所役，不僅會讓人失去人生的樂趣，還會失去最起碼的良心和道德。

蘇東坡因「烏台詩案」被貶到黃州，心中失落沮喪。一次野遊，途中遇雨，大雨嘩嘩的落下來，路上一片泥濘，蘇東坡一行人渾身濕的像落湯雞。

而路上的行人，個個怨聲載道，對著雨勢大罵，就只有蘇東坡等閒視之，沒有像人們想像的那樣，因為雨勢傷感，反而詩興大發，吟詞《定風波》一闋云，而最後一句正是大家所熟知的：「回首向來蕭瑟處，歸去，也無風雨也無晴。」

有的人一生，汲汲於名利，終究逃脫不了名韁利鎖的羈絆。

其實，我們怎樣看待事物，事物便是什麼樣子。我們的心境是樂觀的，縱使是再大的困境，也無所畏懼；相反，如果心境是悲觀的，縱使是處於極大的歡喜中，還是能從臉上端詳出憂鬱的神情。

外在的風風雨雨，終有停止的一刻，但我們內在的風暴，又要到何時才能歸於平靜呢？

試想人生的每一段緣起緣滅，無不留下歡喜和淚水、遺憾與傷痛。只有我們坦然面對，才可能撫平傷口。讓我們「放開」胸懷，讓固執隨緣而去，把命運由原本的無奈轉而為淡然。

一切隨緣，人生便可自在逍遙，沒有什麼可以拘牽意志和靈魂。我們可以學一學古人的風範，學一學蘇東坡的心安之境。

「一分超然，一分豁達，一分榮辱偕忘，一分沉浮不驚，一分進退不擾。」人生有此「五分」足矣！因為，有了這「五分」，便可以坦然面對人生路途上的風風雨雨，坎坎坷坷。

面對生活中的種種煩惱憂愁，我們不必過於掛在心上，既然它們隨風而來，就讓它們隨風而逝吧！

在「緣來」的時候，珍視但不躁喜；「緣去」的時候，坦然但不留戀。傷感是難免的，只是傷感過後，坦淡的說一句，一切隨緣吧！

你有沒有想過

當你在原本陽光普照的午後，騎車出門卻突然遇到傾盆大雨，自己因此被淋著落湯雞，但你的心情卻無法像前述故事中的蘇東坡一樣，非但沒有受到淋雨的影響，反而「詩興大發」⋯⋯這是為什麼呢？

其實，原因就出在你無法擁有在人生旅途上，不論是遇到「好天氣」或是「壞天氣」都是一樣「天氣」的那種豁達心境。

找到自己小確幸

「一分超然，一分豁達，一分榮辱偕忘，一分沉浮不驚，一分進退不擾。」人生有此「五分」足矣！因為，有了這「五分」，便可以坦然面對人生路途上的風風雨雨，坎坎坷坷。

世界菁英

01	拿破崙全傳：世界在我的馬背上	艾米爾路德維希	定價：320元
02	曼德拉傳：風雨中的自由鬥士	謝東	定價：350元

職場生活

01	公司就是我的家	王寶瑩	定價：240元
02	改變一生的156個小習慣	憨氏	定價：230元
03	職場新人教戰手冊	魏一龍	定價：240元
04	面試聖經	Rock Forward	定價：350元
05	世界頂級CEO的商道智慧	葉光森 劉紅強	定價：280元
06	在公司這些事，沒有人會教你	魏成晉	定價：230元
07	上學時不知，畢業後要懂	賈宇	定價：260元
08	在公司這樣做討人喜歡	大川修一	定價：250元
09	一流人絕不做二流事	陳宏威	定價：260元
10	聰明女孩的職場聖經	李娜	定價：220元
11	像貓一樣生活，像狗一樣工作	任悅	定價：320元
12	小業務創大財富一直銷致富	鄭鴻	定價：240元
13	跑業務的第一本Sales Key	趙建國	定價：240元
14	直銷寓言--激勵自己再次奮發的寓言故事	鄭鴻	定價：240元
15	日本經營之神松下幸之助的經營智慧	大川修一	定價：220元
16	世界推銷大師實戰實錄	大川修一	定價：240元
17	上班那檔事--職場中的讀心術	劉鵬飛	定價：280元
18	一切成功始於銷售	鄭鴻	定價：240元
19	職來職往--如何找份好工作	耿文國	定價：250元
20	世界上最偉大的推銷員	曼尼斯	定價：240元
21	畢業5年決定你一生的成敗	賈司丁	定價：260元
22	我富有，因為我這麼做	張俊杰	定價：260元
23	搞定自己 搞定別人	張家名	定價：260元
24	銷售攻心術	王擁軍	定價：220元
25	給大學生的10項建議：祖克柏創業心得分享	張樂	定價：300元
26	給菁英的24堂心理課	李娜	定價：280元
27	20幾歲定好位；30幾歲有地位	姜文波	定價：280元

身心靈成長

01	心靈導師帶來的36堂靈性覺醒課	姜波	定價：300元
02	內向革命-心靈導師A.H.阿瑪斯的心靈語錄	姜波	定價：280元
03	生死講座——與智者一起聊生死	姜波	定價：280元
04	圓滿人生不等待	姜波	定價：240元
05	看得開放得下——本煥長老最後的啟示	淨因	定價：300元
06	安頓身心--喚醒內心最美好的感覺	麥克羅	定價：280元
07	捨不得 捨得是一種用金錢買不到的獲得	檸檬公爵	定價：260元
08	放不開--你爲什麼不想放過自己？	檸檬公爵	定價：260元

典藏中國：

01	三國志--限量精裝版	秦漢唐	定價：199元
02	三十六計--限量精裝版	秦漢唐	定價：199元
03	資治通鑑的故事--限量精裝版	秦漢唐	定價：249元
04-1	史記的故事	秦漢唐	定價：250元
05	大話孫子兵法--中國第一智慧書	黃樸民	定價：249元
06	速讀二十四史--上下	汪高鑫李傳印	定價：720元
08	速讀資治通鑑	汪高鑫李傳印	定價：380元
09	速讀中國古代文學名著	汪龍麟主編	定價：450元
10	速讀世界文學名著	楊坤　主編	定價：380元
11	易經的人生64個感悟	魯衛賓	定價：280元
12	心經心得	曾琦雲	定價：280元
13	淺讀《金剛經》	夏春芬	定價：210元
14	讀《三國演義》悟人生大智慧	王　峰	定價：240元
15	生命的箴言《菜根譚》	秦漢唐	定價：168元
16	讀孔孟老莊悟人生智慧	張永生	定價：220元
17	厚黑學全集【壹】絕處逢生	李宗吾	定價：300元
18	厚黑學全集【貳】舌燦蓮花	李宗吾	定價：300元
19	論語的人生64個感悟	馮麗莎	定價：280元
20	老子的人生64個感悟	馮麗莎	定價：280元
21	讀墨學法家悟人生智慧	張永生	定價：220元

22	左傳的故事	秦漢唐	定價：240元
23	歷代經典絕句三百首	張曉清 張笑吟	定價：260元
24	商用生活版《現代36計》	耿文國	定價：240元
25	禪話•禪音•禪心禪宗經典智慧故事全集	李偉楠	定價：280元
26	老子看破沒有說破的智慧	麥迪	定價：320元
27	莊子看破沒有說破的智慧	吳金衛	定價：320元
28	菜根譚看破沒有說破的智慧	吳金衛	定價：320元
29	孫子看破沒有說破的智慧	吳金衛	定價：320元
30	小沙彌說解 《心經》	禾慧居士	定價：250元
31	每天讀點《道德經》	王福振	定價：320元
32	推背圖和燒餅歌裡的歷史	邢群麟	定價：360元
33	易經：現代生活的智慧	孫三寶	定價：280元
34	《傳習錄》白話本	姜波	定價：330元
35	《史記》故事導讀	姜波	定價：340元
36	《資治通鑑》故事導讀	姜波	定價：300元
37	厚黑學全集【參】厚黑心術	李宗吾	定價：300元
38	《碧巖錄》中的100大智慧	于水音	定價：280元
39	入骨相思知不知一醉倒在中國古代情詩裡	維小詞	定價：300元
40	厚黑學全集【肆】厚黑之道	李宗吾	定價：320元
41	一本書讀懂戰國史	秦漢唐	定價：420元

經典中的感悟

01	莊子的人生64個感悟	秦漢唐	定價：280元
02	孫子的人生64個感悟	秦漢唐	定價：280元
03	三國演義的人生64個感悟	秦漢唐	定價：280元
04	菜根譚的人生88個感悟	秦漢唐	定價：280元
05	心經的人生88個感悟	魯衛賓	定價：280元
06	論語的人生64個感悟	馮麗莎	定價：280元
07	老子的人生64個感悟	馮麗莎	定價：280元
05	易經的人生64個感悟	魯衛賓	定價：280元

人物中國：

01	解密商豪胡雪巖《五字商訓》	侯書森	定價：220元
02	睜眼看曹操-雙面曹操的陰陽謀略	長　浩	定價：220元

03	第一大貪官-和珅傳奇（精裝）	王輝盛珂	定價：249元
04	撼動歷史的女中豪傑	秦漢唐	定價：220元
05	睜眼看慈禧	李 傲	定價：240元
06	睜眼看雍正	李 傲	定價：240元
07	睜眼看秦皇	李 傲	定價：240元
08	風流倜儻-蘇東坡	門冀華	定價：200元
09	機智詼諧大學士-紀曉嵐	郭力行	定價：200元
10	貞觀之治-唐太宗之王者之道	黃錦波	定價：220元
11	傾聽大師李叔同	梁 靜	定價：240元
12	品中國古代帥哥	頤 程	定價：240元
13	禪讓--中國歷史上的一種權力遊戲	張 程	定價：240元
14	商賈豪俠胡雪巖(精裝)	秦漢唐	定價：169元
15	歷代后妃宮闈傳奇	秦漢唐	定價：260元
16	歷代后妃權力之爭	秦漢唐	定價：220元
17	大明叛降吳三桂	鳳 娟	定價：220元
18	鐵膽英雄一趙子龍	戴宗立	定價：260元
19	一代天驕成吉思汗	郝鳳娟	定價：230元
20	弘一大師李叔同的後半生-精裝	王湜華	定價：450元
21	末代皇帝溥儀與我	李淑賢口述	定價：280元
22	品關羽	東方誠明	定價：260元
23	明朝一哥 王陽明	呂 崢	定價：280元
24	季羨林的世紀人生	李 琴	定價：260元
25	民國十大奇女子的美麗與哀愁	蕭素均	定價：260元
26	這個宰相不簡單--張居正	逸 鳴	定價：260元
27	六世達賴喇嘛倉央嘉措的情與詩	任倬灝	定價：260元
28	曾國藩經世101智慧	吳金衛	定價：280元
29	魏晉原來是這麼瘋狂	姚勝祥	定價：280元
30	王陽明悟人生大智慧	秦漢唐	定價：280元
31	不同於戲裡說的雍正皇帝	秦漢唐	定價：240元
32	不同於戲裡說的慈禧太后	秦漢唐	定價：240元
33	~~不同於戲裡說的一代女皇武則天~~	~~秦漢唐~~	~~定價：240元~~
34	後宮女人心計	秦漢唐	定價：220元
35	心學大師王陽明	秦漢唐	定價：200元
36	大明帝王師：劉伯溫	秦漢唐	定價：320元

身心靈成長系列叢書

心靈導師
帶來的36堂靈性覺醒課
姜波
定價：300元

內向革命--心靈導師A.H.阿
瑪斯的心靈語錄
姜波
定價：280元

生死講座
與智者一起聊生死
姜波
定價：280元

圓滿人生不等待

姜波
定價：240元

看得開放得下
本煥長老最後的啓示
淨因
定價：300元

安頓身心
喚醒內心最美好的感覺
麥克羅
定價：280元

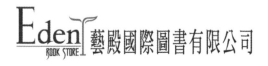

國家圖書館出版品預行編目資料

放不開：你為什麼不想放過自己 / 方向乾 著一版.
-- 臺北市 :廣達文化, 2014.3
面 ; 公分. -- （身心靈成長：8)（文經閣）
ISBN 978-957-713-545-2(平裝)
1.人生哲學　2.生活指導

191.9　　1030001702

放不開

你為什麼不想放過自己

榮譽出版：文經閣

叢書別：身心靈成長 08

作者：檸檬公爵 編著
出版者：廣達文化事業有限公司
Quanta Association Cultural Enterprises Co. Ltd
發行所：臺北市信義區中坡南路路 287 號 4 樓
電話：27283588　傳真：27264126　　　E-mail：*siraviko@seed.net.tw*
劃撥帳戶：廣達文化事業有限公司　帳號：19805170

印　刷：卡樂印刷排版公司　　　　　　　裝　訂：秉成裝訂有限公司

代理行銷：創智文化有限公司
23674 新北市土城區忠承路 89 號 6 樓
電話：02-2268-3489　傳真：02-2269-6560

CVS 代理：美璟文化有限公司
電話：02-27239968　傳真：27239668

一版一刷：2014 年 3 月

定　價：260 元

本書如有倒裝、破損情形請於一週內退換

放 放下不想放下的東西
不 不執迷自以為對的事
開 開始淡活快樂的生活

放 放下不想放下的東西
不 不執迷自以為對的事
開 開始淡活快樂的生活